A'

Lieve Ramon.

De dag dat Ned. van Portugal
verloren heeft.
Wij wensen jouw een hele
goede en Gelukkige tijd in
Washington toe.
Dank je voor alles.

Liefs Pauline.

40
M24

Tu manges
ou tu ne
manges
pas

La Vallade

Recept voor een levensstijl

Tu manges ou tu ne manges pas

Recept vo

Bill van Dijk

La Vallade

or een levensstijl

Fontaine Uitgevers

Uitgave in samenwerking met
AR Book Marketing b.v./
Books Unlimited

Concept, samenstelling,
teksten, fotografie:
Bill van Dijk
Culinaire fotografie:
Sven Benjamins
Vormgeving en aanvullende
fotografie:
Django Aarinksen
DTP-begeleiding:
Erik Sok

ISBN 90 5956 002 7

INHOUD

Aperitief

'Eten is theater,' zegt de Amerikaanse connaisseur/schrijver James Beard.
Als regisseur heb ik genoten van de voorbereidingen van het stuk, La Vallade. De repetities en try-outs verliepen turbulent. Emoties laaiden hoog op. Zoals altijd was er tijd te kort, onenigheid, fricties en duizenden visies kwamen ter tafel die dan vervolgens tot diep in de nacht werden besproken. Bij het ochtendgloren eindigde het altijd weer in een bulderend gelach dat het klinken met de gevulde glazen overstemde.
Ik heb geprobeerd om van 'La Vallade' een smakelijk en amusant kookboek te maken. Een recept voor een levensstijl waarin de hoofdrolspelers uiteindelijk bepalen of u als fijnproever heeft genoten.
Mijn werk zit erop, ik kan er niets meer aan doen, het is uit mijn handen. De teksten zijn gekend, het decor is opgebouwd, de spelers staan te wachten in de coulissen. 'Doek op! Lichten aan!' Ik wens u een smakelijke voorstelling vol kijk- en leesplezier.

Bill van Dijk

Amuse

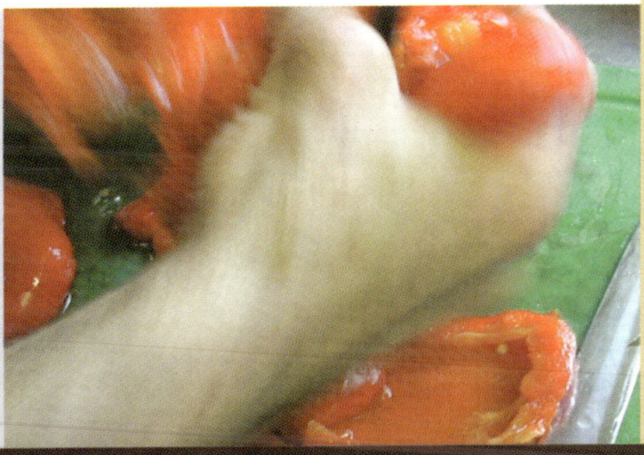

Ingrediënten : 1 verteller, 1 kok, 1 menu, 60 gasten

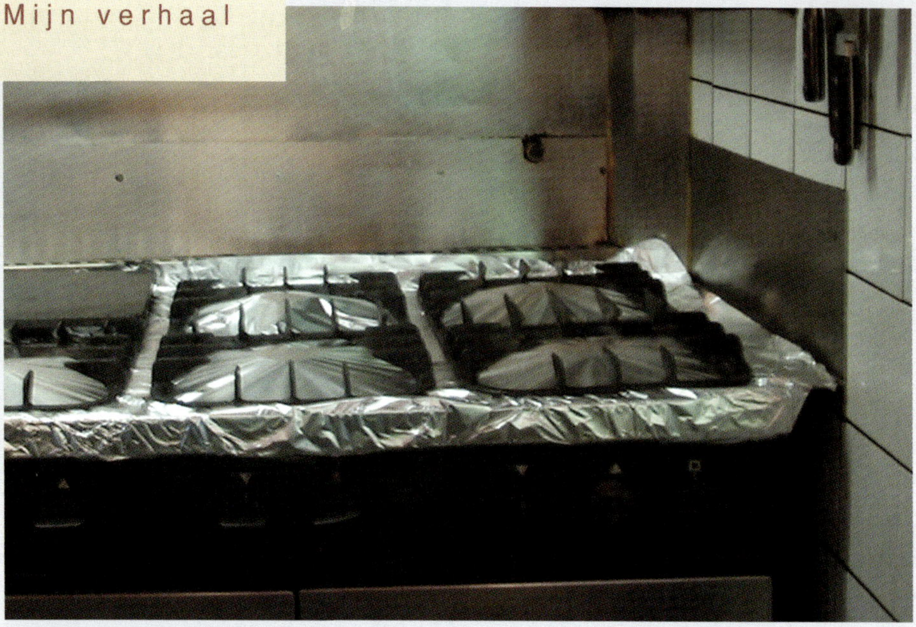

Onlangs gingen mijn vrouw en ik naar ons favoriete driesterrenrestaurant. Nee, geen Michelin-sterren, maar onze eigen sterren. Eén ster voor ambiance, één ster voor prijs/kwaliteit-verhouding en de laatste ster voor de inventieve verse gerechten van het dagelijks wisselend, net als de kok, 5-gangen-menu.

Zoals altijd was het er reuze gezellig. Na afloop kwam de eigenaar bij ons aan tafel zitten en onder het genot van enkele flessen goede wijn vertelde hij mij dat hij de komende week in de problemen zat. Twee van z'n koks lagen in bed met griep en hij ging met zijn personeel op hun jaarlijks uitje naar het zuiden van Frankrijk. Hij kon gewoon niet meer tijdig een inval(ler)(ster) vinden om op maandag te koken. Vol bravoure, en onder invloed van de alcohol, bood ik mijn diensten aan.

Je hebt al zo vaak gehoord dat je zulke fantastische diners organiseert. 'Je moet een restaurant beginnen' zeggen ze. Eigenlijk denk jij er net zo over. Ergens in Zuid-Frankrijk op dat strandje of aan de rand van het bos waar je je oude dag zou willen slijten. Door je eigen eetzaal flaneren. Na afloop lachen met vrienden, die natuurlijk fantastisch hebben gegeten, onder het genot van een uitstekende cognac (die je voor een spotprijs hebt ingekocht, dus je kunt er wel enkele uitdelen zonder je zorgen te maken over de kosten). Je hebt je 'Global' messenset al aangeschaft. Koken kun je blijkbaar al.

Mijn aanbod gaf mij vleugels die mij meevoerden naar hallucinerende hoogten. Het was voorbestemd, niets is toeval, mijn aura heeft het aangetrokken, dit is mijn kans, pak 'm want mijn eigen restaurant zal na dit aanbod binnen mijn bereik liggen...

De eigenaar, ook al zwevend in de wereld van Bacchus, nam mijn aanbod aan terwijl mijn vrouw mij, zonder succes, probeerde terug te halen naar de werkelijkheid.

De volgende dag liep ik langs het voornoemde restaurant op weg naar mijn dagelijkse

boodschappen. De eigenaar kwam net aan met de verse boodschappen van de dag en herinnerde me aan mijn aanbod. 'Ja, ja natuurlijk', zei ik aarzelend, me ondertussen realiserend dat ik misschien wel iets was aangegaan wat ik in kleine kring 'leuk' kon doen, maar in een echt restaurant nooit zou kunnen waarmaken.

Eenmaal thuis vertelde ik het voorval aan mijn vrouw, die me nogmaals probeerde te behoeden voor een 'nervous breakdown' of totale afgang. Ondanks haar goede bedoelingen wilde ik me niet laten kennen en dacht: Dat ga ik doen. Dat wordt rock'n roll, ik word serieus genomen als 'kok'.

Ik was me er wel van bewust dat koken voor zestig man in plaats van voor tien wel even iets anders was dan een gezellig dineetje thuis. Ik zou een voorstudie doen en de komende week dagelijks gaan kijken bij de aldaar werkende koks om te zien hoe dat nu allemaal moest.

'Maak het niet te moeilijk' was hun advies en ik kreeg goede raad ten aanzien van de voorbereidingen, het maken van sausen, enzovoort. Ik raakte volledig bezeten van de gedachte dat ik ging koken in een echt restaurant en was 's nachts bezig het ene na het andere driesterrenmenu samen te stellen. Slapen deed er niet toe. Dat deden echte koks ook niet.

Mijn vrouw werd intussen gek van mijn onzekerheid wat betreft de keuzes die ik dagelijks weer veranderde en mijn voornemen toch door te zetten.

Waar was ik nou goed in? Wat vond ik nou zelf lekker? Wat zou ik zelf voorgeschoteld willen hebben? Vragen, vragen, vragen bleven door mijn hoofd suizen totdat de slapeloze nachten hun tol begonnen te eisen. De suggesties van de koks legde ik naast me neer want ik wilde iets 'origineels' voor de gasten op tafel zetten. Het zou vis worden, risotto, een heldere consommé, witte-chocolademousse met een passievruchtencoulis gegarneerd met eigengemaakte chocolade-

letters met de naam van het restaurant. Ik zag het allemaal al voor me. Ik als een getrainde balletdanser van de ene pan naar de andere huppend, nonchalant wat verse kruiden strooiend op een perfect opgemaakt bord. Kundig spuitend met de slagroom en coulis.
Na zorgvuldig navragen bij de koks over de hoeveelheden die ingekocht zouden moeten worden en de grootte van de uit te serveren porties voelde ik me voorbereid op een ongekend avontuur. La Vallade 'here I come!'
De koks stelden me gerust met het feit dat maandag een slappe dag was in het restaurantwezen. Er zouden nooit zestig man komen, dertig op z'n hoogst. Er zou zelfs aan het personeel worden doorgegeven dat er niet meer bestellingen mochten worden aangenomen. Ze hadden duidelijk medelijden, medeleven met me en dat steunde me.
De consommé zou ik de dag tevoren al voorbereiden zodat ik die alleen maar hoefde af te werken. Mijn experimenten met de chocola kregen een goedkeurende blik van de aanwezige kok. Dit zou ik ook de avond tevoren alvast klaarmaken zodat ik daar verder geen aandacht meer aan hoefde te besteden. Ik kreeg een fantastische tip over de risotto: ik kon hem van tevoren alvast enigszins klaarmaken en dan afwerken als het zover was. Over de saus bij de vis was ik nog niet helemaal uitgedacht, maar een Pernodsaus leek me wel wat. Ging dus recepten vragen bij de koks. Wat bleek nou: geen van hen had eensluidende receptuur. Welke moest ik kiezen? Welke was de lekkerste? Ik had nog drie dagen te gaan...
Nog maar twee dagen! Tja, zo'n lekkere consommé als mijn vrouw maakt, daar kon ik eigenlijk niet aan tippen. Had ik eigenlijk wel het juiste menu gekozen? Hoe dichter D-day naderde hoe nerveuzer en onzekerder ik begon te worden. Kon ze me er niet bij helpen? Kon ze niet alvast een consommé voor

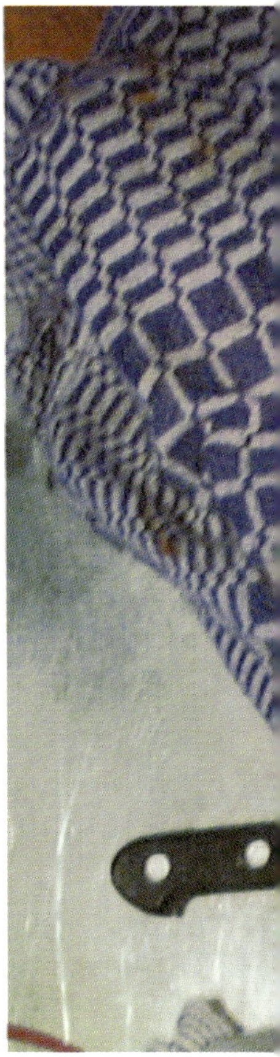

me maken, voor zestig man? Dat was toch geen probleem, of wel? Nee, toch? Het kon me hoogstens mijn huwelijk kosten, maar ik moest en zou serieus genomen worden als 'lekkerbekkok'. Haar blik gaf aan dat ik maar vast moest gaan zoeken naar mijn koffers op de vliering.
Inkopen zou ik natuurlijk zelf doen, of in ieder geval meegaan zodat ik precies kon uitkiezen wat ik hebben wilde.
Nog één dag te gaan!
Ik had me voorgenomen op de bewuste dag heel vroeg in het restaurant aanwezig te zijn, zodat ik alles in m'n eigen tempo kon voorbereiden. Zodat ik niet in de problemen zou komen.

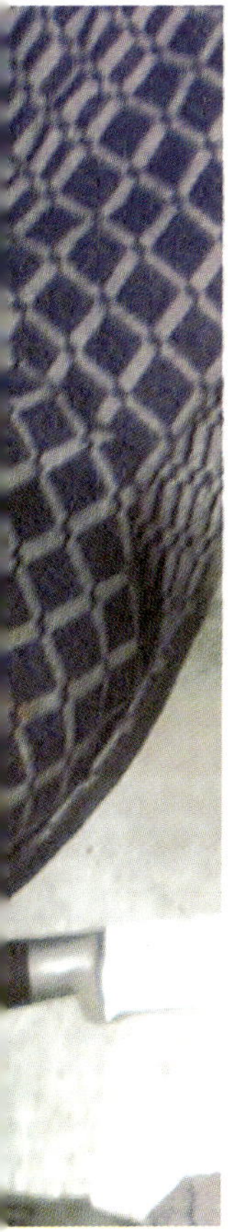

De wekker liep af. Mijn hand sloeg er automatisch op en ik draaide me om... een uur later zat ik ineens van schrik uit een nachtmerrie overeind in bed. 'D-day!!' Ik had me verslapen. Ik was te laat om mee te gaan naar de groothandel om de boodschappen in te kopen!! Nu al koppijn... Ik moest nog beginnen. Waar zijn de papieren waar ik alles heb opgeschreven? Waar zijn m'n messen? Ik durf niet meer. Ik ben ziek. Ik zit in het buitenland. Moet mijn vrouw vragen of ze voor me wil afbellen met een of andere smoes. Doet er niet toe wat. Als ik maar niet hoef te komen. Mijn vrouw keek me streng aan. Ik wou toch zo graag? Ik was toch de 'lekkerbekkok'? Ik moest toch zo nodig? Bovendien had ze de soep al geklaard en stond op mij te wachten. De doos met gespoten chocoladeletters lag op het aanrecht. Er was geen weg terug. Daarbij kwam dat ik geen idee had waar mijn koffers lagen.

Ik kwam aan, al bezweet voordat ik nog maar een mes gehanteerd of een knop van het fornuis had aangeraakt.

Wat moest ik ook weer doen? Wat hadden ze me ook alweer gezegd? Waar lagen de belangrijke dingen? 'Niet nerveus worden Bill'... Neem eerst een kop koffie. Zet alles op een rijtje... komt goed, komt goed' bleef ik als een mantra herhalen, in de hoop dat het me wat meer zekerheid zou geven.

De koffie was heerlijk. Nu het werk nog. Marian had de hele nacht doorgewerkt aan haar bouillon die zoals altijd weer voortreffelijk was. Krachtig van smaak. Geen greintje vet te bekennen en zo helder als de Adriatische Zee. Ik zou hem afmaken met wat peterselie en in dunne repen gesneden omelet waarin ook wat kervel zou worden verwerkt.

Laat ik die pan maar vast op het fornuis zetten. God, hoe gaat dat ding nou ook alweer aan. Na tien minuten klooien met lucifers, stukken brandend papier en een aansteker waaraan ik me al tweemaal had gebrand, besloot ik maar iemand te bellen. Het was inderdaad geen eenvoudig fornuis, maar na mijn telefoontje ging hij aan. 'Voluit' herinnerde ik me. En zette vast wat water op en schoof Marians bouillon op de achterste pit. De keuken was beduidend kleiner dan ik had gedacht. Er kon maar één kok in terecht. Een tweede zou alleen maar hinderlijk in de weg staan.

Ondertussen kwamen de boodschappen binnen. Verse gamba's, mosselen, venusschelpen, de prachtige vis. Ook de verse kruiden: peterselie, koriander, dille, basilicum, de groenten, venkel, zongedroogde tomaten samen met verse tomaten, zwarte olijven, enz. waren gearriveerd. Dit zag er goed uit. Even kijken hoe laat het is. Hoeveel tijd ik heb om de boel voor te bereiden. WAT! Is 't al half drie?... nee, dat kan toch niet... dat is niet waar. Er is iets met die klok. Die werkt niet. Staat op Amerikaanse tijd. De batterij is leeg. Het mag niet waar zijn. Het moet pas elf uur zijn.

Wat moest ik ook alweer als eerste doen? O, ja, het nagerecht vast maken en de risotto opzetten. Wat een boel eieren. Wat een grote zware pannen. Oké, au bain marie kloppen. De boel begint te schiften!!!

Ik ging als een zombie door, de geschifte eieren maar weggegooid en opnieuw begonnen. Dit keer lukte het. Snel in de koelkast geplaatst. Sommige dingen waren zelfs al bijna zover dat ik het gevoel begon te krijgen dat het misschien zelfs zou gaan lukken. Rondom zes uur 's avonds was ik ongeveer driekwart klaar toen de eerste gasten al binnenkwamen! Nee toch. Die komen toch pas als de kok klaar is? 'Twee voorgerechten', dacht ik vaag te horen alsof iemand me in de verzengend hete woestijn vanuit de verte iets toeriep. 'Soep, soep, soep' weerklonk het in de leegte van mijn hersenen. Soep. Dat kan niet al te moeilijk zijn lijkt me. Ik pakte de terrine en vulde haar met de heldere bouillon, strooide er wat dunne reepjes gekruide omelet in en... kruiden! De kruiden vergeten te snijden! Ik draaide om mijn as op zoek naar de verse kruiden. Ja! Daar liggen ze. Wel gewassen, niet gesneden. Snel m'n Global ter hand nemend hakte ik de kruiden klein en strooide 'professioneel' wat in de terrine.

De soep werd teruggebracht omdat er een elastiekje in werd gevonden. Ik was vergeten vóór het snijden het elastiekje van de kruiden af te halen! Koken... nooit meer! Maar er was geen weg meer terug want het restaurant begon nu langzaam vol te lopen.

Au!, ik verbrandde m'n hand lelijk toen ik in allerijl de ovendeur opende omdat ik tegelijkertijd acht nagerechten aan het maken was en vergeten was de vis voor het hoofdgerecht, die ondertussen 'krokant bruin' aan het worden was, op tijd uit de oven te halen. Tegen de tijd dat het laatste bord voor het hoofdgerecht was opgemaakt waren de vorige zes borden alweer koud geworden. De vis moest tegelijkertijd met het koken van de mosselen gaar zijn. De saus moest in de gaten gehouden worden. Mocht niet te heet worden. O, jee weer vier soep... maar ik ben net bezig met twee nagerechten en moet ook nog een aantal hoofdgerechten voorbereiden. Wat moet ik nou in godsnaam eerst doen? Mijn geest werd almaar waziger. Ik kon niet goed meer denken, kreeg het benauwd, werd duizelig, had het gevoel dat ik elk moment bewusteloos op de grond zou vallen. Mijn hart bonkte harder en harder alsof ik een half pond coke had gesnoven. De zweetparels kwamen als zoutzuur in mijn ogen terecht. M'n bril was ondertussen zo vies geworden dat ik niet wist of ik nou de vis of de risotto pakte. De koelkasten en ovens waren één geworden. Het maakte niet meer uit wat ik pakte, waar ik keek of wat ik deed. Het zou nooit meer goed komen. Als door woede overmande burgers in een stadje in het wilde Westen zouden de gasten me lynchen. Me de keuken uitsleuren, me over mijn branders heentrekken. Me met de eerste de beste spaghettislierten om mijn nek aan de hoogste balk in het restaurant ophangen. Waar was ik in godsnaam aan begonnen? Had ik maar naar 'moeder' geluisterd. Ik moest hier weg en stond te denken aan vluchten. Excuses kwamen zelfs niet in mij op, hoe ik het ook probeerde. Alle fantasieverhalen die ik als kind in een oogwenk ter plekke kon bedenken als het om 'witte leugens' ging om ergens onderuit te komen, lieten me nu in de steek. Ik voelde

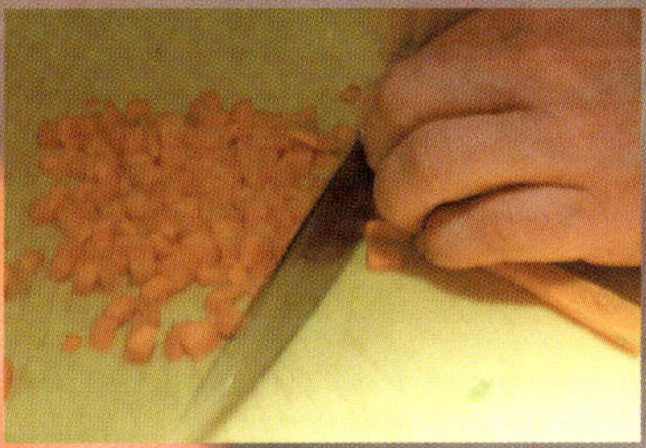
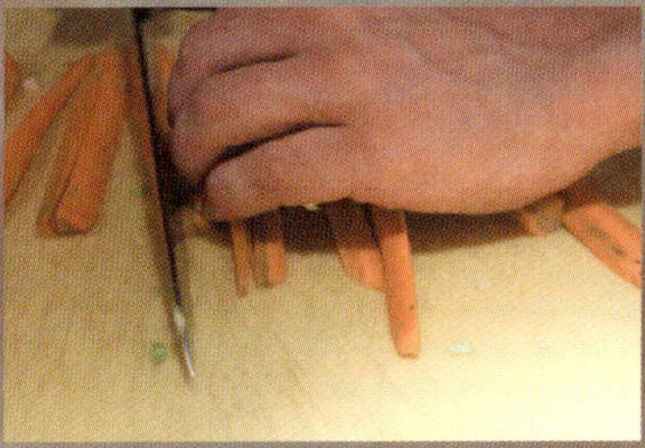

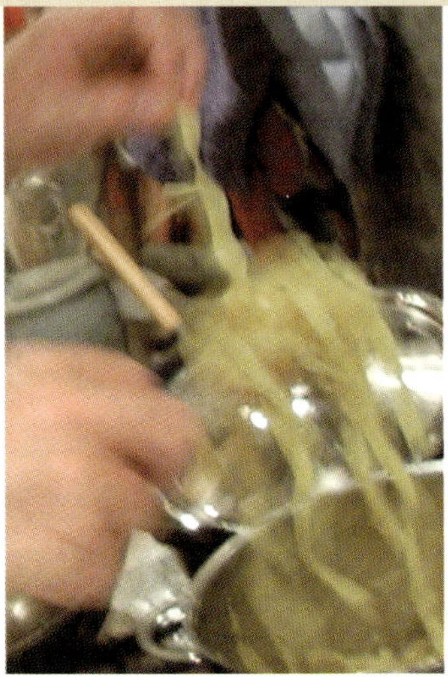
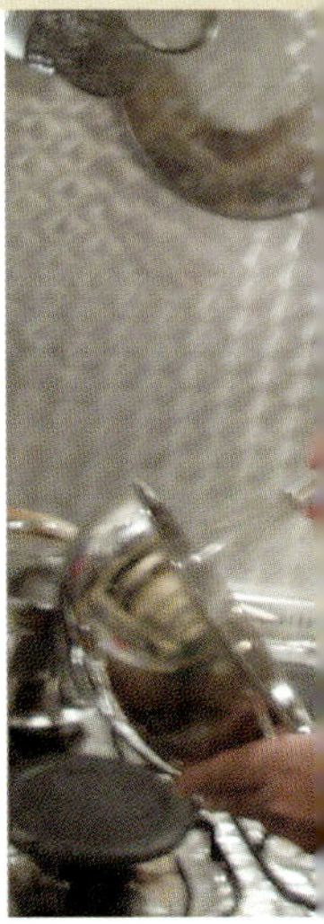

m'n knieën langzaam knikkend in elkaar zakken. M'n voeten hielden me niet meer, m'n rug begaf het. De stekende pijnen namen de overhand, de brandwond moest in m'n gedachten meteen behandeld worden bij de eerste hulp van het dichtstbijzijnde restaurant... uh... ik bedoel ziekenhuis natuurlijk.
Waarschijnlijk zou mijn hand volledig geamputeerd moeten worden. Ik kon niet meer koken. Dat zagen zij toch ook wel? Waarom dan blijven roepen om gerechten waar ik totaal geen verstand van had? Wat bedoel je met hoofdgerecht? Wat is dat dan?
Nu begonnen de fouten er in te sluipen. Wat, maar twee mosselen in plaats van vier. Nee toch, hè? Ik heb de mooie chocoladeletters vergeten op het nagerecht. Waren het nou twee of was het één bolletje witte-chocolademousse. Mijn God! In plaats van het niet aangebrande besuikerde filodeeg te pakken heb ik zwarte, onverteerbare stukjes tussen de witte bolletjes mousse gelegd. De poedersuiker vergeten. Ik zie de gasten naar elkaars bord kijken. De één heeft er van alles op liggen terwijl z'n buurman met minder dan de helft genoegen moet nemen. Ik kan mijn carrière als aspirant-kok wel 'goodbye' kussen.
De porties die ik vol overgave uitdeelde waren natuurlijk te groot. De bediening die was ingevallen voor het vaste personeel had niet doorgekregen dat er maar op dertig man was gerekend, en tegen de tijd dat ik doorhad dat er veel meer mensen binnenkwamen dan mijn geplande dertig had ik al te veel eten uitgegeven. De porties moesten kleiner, er moest risotto bijgemaakt worden. Er waren niet genoeg gamba's, mosselen, enzovoort. Paniek!
Het kon natuurlijk niet anders... ik ben mijn kleine messen kwijt. Heb ze geloof ik weggegooid met de verbrande vis. Snijd me met m'n loeischerpe Global in m'n linkerwijsvinger. Niet genoeg borden zijn er opgewarmd. Snel nieuwe borden in de oven. Die gaan nooit warm genoeg worden in zo korte tijd. Laat ik de oven maar op z'n heetst zetten. Allemachtig, wat zijn die borden heet. M'n saus is in een halve seconde een harde koek geworden. En hoe ik ook probeer het bord weer schoon te krijgen met een natte keukendoek, het lukt niet. Het is er gewoon ingebrand... voor altijd. Net zoals ik zal branden in de hel door mijn hoogmoed om te denken dat ik in een restaurant zou kunnen koken. 'Tien hoofdgerechten, drie voorgerechten, acht nagerechten!' klonk het satanisch. Dáár, een vieze vlek op de rand van het bord, even wegvegen. Mijn God, het eerste bord is

alweer helemaal koud, even opwarmen in de magnetron. Merkt vast niemand.
Ondertussen kijkt de bordenwasser met medelijden naar me en probeert me te helpen. Zij ziet dat als er niet ingegrepen wordt de ramp niet meer te overzien is. Alleen, hoe moet dat? Er past maar één persoon in de keuken. De goedbedoelende hulp begint me te irriteren. Het geschuifel van billen tegen elkaar. De volle borstomvang tegen mijn gezicht als we draaien. Haar handen op mijn borden. In haar hand mijn lepel, waarmee ze het net nooit zo doet als ik het zou willen. Toch kan ik geen verzet bieden. Ik moet deze hulp gewoon aanvaarden, anders haal ik het niet.
Wat moet ik nou in godsnaam als vervanger voor de risotto bedenken? Hoe vul ik Marians overheerlijke soep aan zonder hem volledig te ruïneren. Toch maar een doos fond pakken en er water bijgooien? Wat staat er nog in de koelkast dat ik kan gebruiken als vervanging voor de risotto?
Wat zeg je!? Een vegetariër die geen vis wil eten. Ik moet wat...? Ik moet een extra vegetarisch gerecht maken terwijl ik hier sta te sterven? M'n hoofd draait links, rechts. Wat kan ik gebruiken dat geen vis of vlees bevat? In de koelkast liggen eieren. Oké, wel afgezaagd maar ik kan niet anders. Ik had aubergines, paprika's, courgettes op de grill klaargemaakt (de hele keuken leek op Londen in de beroemde smogdagen van Sherlock Holmes). Ik verzin ter plekke een compositie van groenten met een kruidige omelet en een Pernodsaus. Hoe het smaakt weet ik niet, maar het ziet er wel mooi uit.
De zaak blijft zich vullen ondanks het feit dat ik de bediening al heb verteld dat we moeten stoppen, want er is bijna niets meer over. Nee, toch! Een ouder echtpaar uit de provincie gaat zitten aan een 'tweetje'. De bediening vraagt of ze genoegen nemen met een 'verkleind menu', natuurlijk een heerlijk glas Sancerre van 't huis en de prijs zal worden aangepast. 'Geen probleem', hoor ik. Wat krijgen we nou?! Twee tafels komen me een compliment geven. Ze vonden het heerlijk en komen zeker terug. Er zitten nog zo'n vijf tafels te eten. Ik ben bijna klaar, nog 14 nagerechten en ik kan de keuken, die er ondertussen uitziet als een slagveld, gaan schoonmaken. Ik ben toe aan een drankje. De sfeer is geanimeerd en na de nagerechten ga ik even zitten aan een van de tafels. Het oudere echtpaar is gecharmeerd van het menu, net genoeg. De man gaat even de deur uit en komt terug met een accordeon en begint er

ineens op te spelen. Zijn vrouw zingt Griekse liederen en voor we het weten zitten we allemaal gezellig aan een lange tafel, aan de wijn of cognac bij de espresso. Het was twee uur in de ochtend voor ik aan de schoonmaak begon en moe maar toch voldaan terugkeerde naar huis. Heb wel de hele volgende dag bij geslapen.

Laat ik u vertellen dat ik sinds die bewuste dag een enorme waardering heb gekregen voor koks nu ik enigszins weet wat er allemaal bij komt kijken voor het eten op uw bord ligt. Elke keer als ik nu een restaurant betreed leg ik mijn Euro's met plezier neer in de wetenschap dat er verdomd hard voor gewerkt is... en ik er niet zelf hoef te staan.

Het was een wonderlijk avontuur en het geeft de sfeer weer van het restaurant La Vallade. Hoe men daar met elkaar en de gasten omgaat in dit familiebedrijfje, gebouwd op dromen die werkelijkheid zijn geworden. Hun verhaal zal door de betrokkenen zelf worden verteld, vermengd met eerlijke recepten en gesprekken met de koks. Ik wens u veel lees- en eetplezier en hoop dat iets van deze levensstijl bij u beklijft. Mij heeft deze in ieder geval verrijkt... met een sterk verhaal.

Voorgerech

Ingrediënten : 6 vertellers, 6 tafels, 2 koks, 11 recepten

LA VALLADE - DE SPELERS

JEAN-LUC LEJO FIONA

MARCELA ANNEMARIE FRANK

JUR DEJAN

PAULINE TOM

1 Tu manges ou tu ne manges pas (Hoe het allemaal begon)

TOM 'Een levensfilosofie van mij is: één en één is twee. Mensen vragen vaak: "Hoe doe je het? Het is zo moeilijk, iets maken." Dan zeg ik: Eén en één is twee! Je moet gewoon beginnen en stap voor stap doorgaan. Als je er niet aan begint, kom je nooit aan het eind. Maar dan zeggen die mensen: "Ja, maar dat kan ik niet, dat vind ik te moeilijk. Ik weet niet hoe het moet." Ik weet ook heel vaak niet hoe het verder moet, maar ik begin en dan zie ik gaandeweg wel hoe het zich ontwikkelt. Ik ga ook heel gemakkelijk een beetje naar links of naar rechts. Geen oplossing bedenken is ook een oplossing. Zo kun je dus ook verder klungelen. Als een spons moet je alles in je opnemen en op een gegeven moment moet je 'm weer een beetje uitknijpen. Ik probeer de positieve dingen te onthouden, een overlevingsmechanisme van een mens, denk ik. Ik beoefende verschillende beroepen. Als iets moeilijk was begon ik eraan en als ik het door had, dan ging ik iets anders doen. Het liefst iets totaal anders. Na een redelijke periode dameskapper te zijn geweest in Parijs had ik het wel gezien. Vrachtwagenchauffeur leek me wel wat. Reizen, dingen zien. Ik had geen geld om op vakantie te gaan dus zocht ik werk waarmee ik ergens anders kwam. Je ziet heel Europa met een vrachtwagen. Ik werkte voornamelijk in Frankrijk voor een Franse werkgever en kwam daardoor veel in routiers, wegrestaurants voor truckers. Op een dag loop ik zo'n routier binnen en vraag de patron of ik de menukaart mocht inzien. Hij keek me aan met een blik alsof ik gek was en zei: "Tu manges ou tu ne manges pas" (Je eet wat er is of je eet niet). Eén menu fixe. Geen gezeur. Van de 10 keer is dat 1 à 2 keer vrij slecht, 1 of 2 keer van heel hoge kwaliteit en de andere keren correct. Zeker z'n geld waard. Ik vond de verrassing van die acht keer twee missers waard. Toen dacht ik: dat heb je in Nederland niet en ik vond het perfect. Je komt binnen, kiest de wijn en voor de rest, eten. Klaar.'

2 Café 'De Ring" (blote tieten in een cocaïnehok)

PAULINE In 1984 hadden wij een boerderij in La Vallade, Frankrijk gekocht. We hebben geprobeerd om wat we daar gevonden hadden hier in Amsterdam te hercreëren. Een stukje Frankrijk in Nederland.

TOM We konden een horecaruimte huren in de Watergraafsmeer.

LEJO Toen zij hier begonnen was dit nog geen restaurant, maar een café.

TOM Het was oorspronkelijk een elektriciteitswinkel met een woning erachter. Daarna werd het een koffiehuis met een 'snoepwinkel' in de tuin, omdat er een christelijke jongensschool naast stond. Ondertussen was het café 'De Ring' geworden. Er zaten mensen in die in de drugshandel zaten. Toestanden!

Er werd gespoten voor de deur. Het zag er verschrikkelijk uit. Hoge tafels langs de muur met bont en barkrukken. De lampjes boven de bar waren oranje/zwart geblokte voetballen. TL-balken in alle kleuren rondom, bierpullen met blote tieten erop, van dat Beiers gegoten werk. Gore vloerbedekking en vieze muren. De keuken was een heel klein dicht hokje met één gaspitje waarop je een balletje gehakt kon opwarmen. De ruimte achter was het cocaïnehok. Een dichtgebouwd hok in de tuin. Een donker hol. Geen licht, geen lucht. Niks. En natuurlijk een biljart in de zaak.

Ik heb er ramen ingezet, gevonden bij de sloop en een gat in de muren gezaagd op de maat van de ramen. Er stond ook een piano. De tafel in die ruimte heet ook nu nog steeds 'piano'. Waar het biljart stond, heette 'aan het biljart eten'. De buitenmuren stonden hele maal vol met graffiti. Ik had een emmer verf

staan met een gat in het deksel. Kwast erdoor, afgetaped en elke dag schilderde ik dat over. Een jaar lang! Toen hielden ze er eindelijk mee op.

LEJO Zij namen de zaak over met dertig vaste klanten en dat was één en al alcohol. Er kwamen hier elke avond heel rare mensen uit de buurt (aan het randje, zeg maar). Zij kwamen elke avond hun nieren afstoffen. Wij dachten: daar redden wij het niet mee, hier wordt La Vallade geen leuk café door.

PAULINE Een mevrouw had een vaste kruk op de hoek van de bar waarop niemand anders mocht zitten. Ze paste hier gewoon niet. Niet in wat wij voor ogen hadden met ons café, La Vallade.

LEJO Toen zei Tom: We gaan ze er gewoon uit pesten en als dat is gebeurd dan gaan we het op onze manier opbouwen. Dat was toen dus helemaal niet leuk werken hier! Die rare mensen aan de bar! Je deed je best onaardig tegen ze te doen, zodat ze maar niet meer terug zouden komen. Te vroeg 'laatste ronde' roepen en mensen niet meer schenken. En dat is gelukt.

PAULINE Dat was het startsein om de boel eens grondig te verbouwen.

LEJO Tom had ergens zink gezien dus moest ook hier overal zink op. Er kwam steeds iets bij. Ze namen van alles mee uit Frankrijk als ze er weer geweest waren, het leek wel een vlooienmarkt. Tom kwam dagelijks aansjouwen met nieuwe spullen, terwijl de kleuren van het interieur werden bepaald door Pauline. La Vallade-blauw. Het was veel, kleurig en rommelig want dat was gezellig. Ze bouwden gewoon hun boerderij in Frankrijk na in Amsterdam.

3 Les jeunes fous sont plus fous commes les jeunes (alle begin is moeilijk)

LEJO Als café hoefde je het hier niet te proberen. Iedereen vroeg zich dan ook af: waarom ben je in godsnaam daar gaan zitten? Je ging hier weg met omzetjes van ƒ 35,- en dat was heel demotiverend. Ik dacht: dit wordt niets! Hij heeft een kat in de zak gekocht. Hoe leuk het ook was. Hoe het er hier uit zag! Tom zei op een gegeven moment ook: 'Dit wordt niets', maar Pauline hield vol dat hij door moest gaan! Ze wilde niet dat hij terug op de vrachtwagen ging, dat was geen alternatief. Zij is toen Indisch gaan koken voor de gasten en daardoor werd hij weer gemotiveerd.

PAULINE De buurvrouw vond het geen goed idee. 'Je moet stamppot maken', maar door het Indische eten kwamen er veel meer mensen.

JUR Het Indonesisch was toentertijd bijzonder en vrij bekend in de kennissenkring.

JEAN-LUC Het was best zwaar, want zij kookte in het begin voor twintig man en dat werden er zestig. Indonesisch koken heeft veel voorbereiding nodig, en ze had er tevens een baan naast...

LEJO Tom dacht: Als het om eten gaat, dan ga ik ook een avond koken. Bleek ineens dat hij kon koken, dat wist hij namelijk niet.

JUR Hij zei: 'Ik nodig twintig mensen uit mijn kennissenkring uit en daar ga ik voor koken'. Dat was dan een experiment en hij wilde eerlijk horen wat ze ervan vonden. Vrienden van vrienden die kwamen eten vertelden het dan weer door. Zo is het menu routier, 'tu manges ou tu ne manges pas' ontstaan.

TOM We werden niet gehinderd door enige kennis. We waren gewoon een onbeschreven blad. In alles. Het cafégedeelte liep niet zo en het eten was leuker om te doen en bood ook meer perspectief. Ik heb toen het roer helemaal omgegooid en het cafégedeelte laten varen. De boel verbouwd zodat de keuken operationeel was om een menu te kunnen koken. Vrij sober: het 'menu routier', tu manges ou tu ne manges pas. In het begin haalde ik mensen met de onmogelijkste smoesjes binnen. Maar het was belangrijker dat als er gegeten werd er blije mensen zaten. Belangrijker dan dat er geld werd verdiend. Dat was 'langer termijn' geld.

FIONA Tom belde mij dat ik had gereserveerd. Dan zei ik: 'Ik heb helemaal niet gereserveerd'. 'Jawel!', zei hij dan, 'je staat in het boek. Ik heb al een fles wijn opengetrokken.' Dan belde hij mijn vriend met hetzelfde verhaal. We gingen dan maar gewoon mee-eten en 'inzitten, indrinken' (om de mensen een beetje te trekken). Vaak betaalden we, soms ook niet. Op een bepaald moment hoorden wij zo bij het meubilair dat we ons met de zaken gingen bemoeien.

JEAN-LUC Tom met Bocuse in de hand. De prijs voor een vijfgangen menu was ƒ 9,-. Hoe kon hij geld verdienen? De eerste gasten hadden er geen idee van hoe dat ging in vergelijking met een restaurant in Frankrijk Er stond een mooie kaasplank op tafel en het gebeurde dat heel de kaasplank werd leeggegeten. 'Heb je nog brood, heb je nog brood.' De stukken kaas werden door de gasten zelf afgesneden en ingepakt om mee te nemen naar huis. Het kostte meer dan de mensen betaalden.

LEJO De lol en het avontuur van: wij kunnen koken. Een leuke avond met een drankje vooraf en de koffie erna en iedereen ging de deur uit zo met: waar ik vanávond toch ben geweest!

TOM Het was geen bedrijf, mensen moesten geen nummers zijn, maar echt gast. Vrienden die kwamen eten om een bijdrage te leveren in de onkosten ga je toch geen nummer geven? Daar wou ik iets leuks voor bedenken, dus maakte ik de kleine tafels dorpjes, de grote tafels steden en de lange tafels rivieren. Dan kwamen de mensen vrolijk binnen: Ja we zaten aan 'Tardoire', hoor. Een tafeltje heette 'Marsac' naar een dorpje waar

vrienden een huis hadden. Sommige naar steden, zoals 'Carcassonne', een prachtige stad. Als je een tafelnummering moet bedenken, waarom dan niet een leuke? Ik ging van mezelf uit en waar ik zelf naartoe zou willen. Ik zou zelf niet graag, met alle respect, naar een restaurant willen gaan waar een pinguïn achter je staat. Het moet ongedwongen zijn. Je moet er in normale kleding naartoe kunnen gaan, maar wel het gevoel hebben dat er iets goeds op tafel komt.

Er werden wel gerechten gemaakt die voor het gemiddelde publiek niet waren weggelegd. We begonnen met de boerenkeuken. Op een gegeven moment kwam de echte liefhebber. Mensen die hielden van 'no nonsense'-eten en waar voor je geld. 'Kan me niet schelen wat ze maken, het is altijd wel lekker.' Het werd almaar drukker. Op een gegeven moment kwamen er mensen van ver weg. Je kunt hier makkelijk parkeren, je hoeft niet moeilijk de stad in. Het werd op een bepaald

moment zelfs te druk voor ons tweeën! We moesten hulp hebben.

4 Knallen (Alexandre Dumas - de Franse cult)

PAULINE Naast La Vallade was een dependance van de Rietveld Academie. Tom vroeg een meisje dat daar studeerde om een wandschildering te maken. Haar vriend, Jean-Luc, een Fransman, kwam haar afhalen. Tom begon over koken.

JEAN-LUC Mijn vriendin zei tegen Tom dat het eten zo slecht was en vroeg hem of hij niet een goede kok nodig had. Tom vroeg of ze er een kende en zij noemde toen mijn naam.

TOM Jean-Luc kookte onder ander in Parijs. Hij was de perfecte aanvulling: a. Frans, b. uit de Franse keuken, c. een heel prettige mens met een innerlijke rust die ik bewonderde en in de loop der jaren een beetje geadopteerd heb. Daar kon ik veel uit putten.

JEAN-LUC Tom vroeg meteen hoeveel dagen ik wilde koken. Ik was hierop helemaal niet voorbereid. Hij vertelde over zijn verhaal als vrachtwagenchauffeur en, 'tu manges ou tu ne manges pas', over zijn toekomstvisie wat betreft La Vallade. Het was een droom...

TOM Er hangt een spreukje in La Vallade van Alexandre Dumas. Toen ik het las dacht ik: dat is het nou precies. Het is zoiets als: 'Dineren is niet louter het tot zich nemen van spijzen, maar met goede vrienden op een rustige toon beschaafd tafelen onder begeleiding van de donkere gloed der wijnen en spijzen en na de zoetigheden van het dessert de donkere koffie die diepgang geeft'. Prachtig!

JEAN-LUC 'Laten we maar meteen inkopen doen', zei Tom. 'We koken één menu en elke dag iets anders.' Dat bestond gewoon nog niet in Amsterdam. Ik herinner me nog m'n eerste menu. Romige mosterdsoep met kervel, coq-au-vin, met een 'gratin', en als groenten haricots verts en bospeen met erna een abrikozenbavarois met een frambozencoulis. Ik heb hier negen jaar gewerkt, zoveel menu's gemaakt, maar dit kan ik mij nog steeds herinneren.

Ik kwam die eerste dag een uurtje eerder omdat ik de keuken helemaal niet kende. Er was een klein fornuis, een vierpitter. De keu-

Dagelijkse handeling van het allergrootste belang, die alleen door mensen met gevoel voor allure en stijl, kan worden verricht. Want bij dineren gaat het niet alleen om het tot zich nemen van voedsel, men moet ook opgewekt, rustig en intiem kunnen babbelen.
Sprankelende conversatie die past bij de purperen gloed van de wijnen, die zich verinnigt bij de tong strelende zoetigheden van het dessert.
Daarna, de donkere koffie die diepgang geeft.

Alexandre Dumas

ken was te klein. Hoe gingen we dat oplossen en in ons voordeel gebruiken?

JUR Het begon een Franse cult te krijgen door Jean-Luc die in de keuken stond en door een Franse timmerman en zijn vrienden die in de buurt woonden en vaak langskwamen.

JEAN-LUC Als kok kon je gewoon je gang gaan, uitproberen, experimenteren. Dingen ontstonden van dag tot dag, niets was gepland. Nieuwe tafels, een nieuwe bank. Uit Frankrijk dingen meenemen. Tom was constant bezig. Ik was opgenomen in een familiebedrijf waar ik met plezier werkte.

TOM Drie dagen knallen en dan toch even naar La Vallade in Frankrijk zzz heen en zzz terug. Ik reed dan naar La Vallade om allemaal dingetjes te halen. Dingen die je kon gebruiken; plankjes, kastjes, schaaltjes, bordjes, rommeltjes en ook brandhout, want we hadden een houtkachel in de zaak. Soms stond de zaak helemaal vol rook. Vooral Metin kon 'm niet aansteken.

JEAN-LUC Er moest vooruitgang zijn op elk gebied. In de keuken was er dan weer iets nieuws aangebracht, een nieuwe pit, rvs dingetjes, nieuwe apparatuur. Tom kon niet stoppen. Hij kon geen twee minuten stil zitten.

TOM We kookten nu 7 dagen per week.

JEAN-LUC Het werd op een bepaald moment te veel voor Tom, want hij kookte viermaal per week, reed heen en weer naar Frankrijk, verbouwde 's nachts, repareerde dingen, deed de boodschappen... dat houdt geen mens vol.

PAULINE Het concept sloeg zo goed aan dat er een advertentie in de krant werd gezet voor een extra kok.

Romige kastanjesoep met cantharellen

Ingrediënten
500 g kastanjes in de schil, of 250 g gepelde
3 sjalotten
1 teen knoflook
250 g cantharellen
65 g boter
50 g bloem
1 l gevogeltebouillon
1 dl witte wijn
4 dl crème fraîche
1 takje kervel

Bereiden

• Verwarm de oven voor op 225°C/gasovenstand 5.

• Kerf de bruine schil van de kastanjes in en leg ze in een braadslee met 3-4 eetlepels water. Zet ze in de oven om ze circa 25 minuten te poffen. Haal ze eruit en verwijder onmiddellijk de bruine dop en het lichtbruine vlies. Breng ze aan de kook en laat ze langzaam boterzacht koken. Houd ze apart. Pel en snipper de sjalotten en de knoflook. Maak de cantharellen schoon en verwijder zo nodig de voetjes.

• Smelt 50 gram van de boter in een diepe pan en roer de bloem erdoor; laat deze roux op laag vuur 15 minuten sudderen. Laat hem afkoelen en roer er dan beetje voor beetje de gevogeltebouillon door. Breng de soep al roerend aan de kook en laat hem op laag vuur in 35 minuten gaar worden. Schep het schuim dat zich bovenop vormt af. Zeef de soep en breng hem weer aan de kook.

• Verwarm de resterende boter en fruit sjalotten, knoflook en cantharellen lichtbruin. Voeg de wijn en de met een vork fijngemaakte kastanjes toe en laat de vloeistof tot de helft inkoken. Roer de soep erdoor en maak af met de helft van de crème fraîche.

Serveer de soep in borden met op elk een eetlepel crème fraîche en wat gehakte kervel.

Pindasoep

Ingrediënten
750 g kipfilets
4 uien
1½ l water
500 g winterwortel
1 pot pindakaas van 450 g
1 pot Surinaamse pindakaas van 450 g
2 vlees- of groentebouillontabletten
1 bos selderij
versgemalen peper

Bereiden

• Pel en snipper de uien en doe ze in een pan met het water en de kipfilets; breng aan de kook. Laat de filets op laag vuur 1 uur trekken. Rasp de wortel, snijd hem in lucifersdunne reepjes.

• Roer de pindakaas en een halve pot Surinaamse pindakaas in een kom glad met een deel van de kippenbouillon. Pluk de kipfilets in stukjes.

• Doe de pindabouillon in de pan, doe de kip en de winterwortel erbij en los de bouillontabletten erin op, breng op smaak met peper. Snijd de selderij fijn.

Serveer de soep in kommen en bestrooi met selderij.

MARCO

Rozemarijnspies met zalm en citroen met auberginecaponata, mayonaise van pomodori secchi en rode peper
Kwartel met ricotta-pancettavulling en venkel en een olijvendressing
Semifredo di balsamico met appeltempura

La Vallade is voor mij de parel van Amsterdam-Oost.

Mijn vader was thuis degene met het meeste kooktalent. Die ging op vrijdag, zaterdag uit z'n dak. Hij maakte voor mij op mijn verjaardag altijd tomatensoep. Dat was een traditie.

Mijn kookstijl is Italiaans georiënteerd. Ik houd wel van een soort uitgesprokenheid. Smaken op scherp zetten. Ik ben geen 'confusion kok'. Eenvoud, kracht van smaken, eerlijkheid van producten... Het is natuurlijk geen dogma. Als ze in de Italiaanse keuken geen tempura kennen dan hebben ze pech gehad als ik daar zin in heb. Als je kiest voor mooie grondstoffen hoef je er niet zo heel veel aan te doen. Dan kun je heel eerlijk mensen iets voorzetten wat al een smaaksensatie op zich is. Er wordt heel veel 'gedruppeld' met saus en dan moet er nog een ditje bij en een gefrituurd datje en ik laat het allemaal weg. Men had in het begin moeite met die esthetiek, maar nu is dat gewoon geaccepteerd.

Ik speel wel eens met een pepertje of gember als opwekkend middel, zodat de mensen zich er lekker bij voelen of er een goede bui van krijgen, of als het koud is. Ik meen gemerkt te hebben dat dat werkt.

De een houdt van torentjes. Dan kun je je mes erdoorheen laten vallen en heb je van alles wat. Net een soort stamppotje. Ik vind dat zonde. Ik zie een bord als iets dat in de breedte werkt. Zodat je ziet en denkt, een beetje van dit neem ik en een beetje van dat.

Om een uur of tien 's avonds ga ik zo'n beetje lopen bedenken wat ik de volgende dag zal maken en dan ben ik om een uur of twaalf klaar. Dan heb ik ook echt iets waar ik zin in heb om te gaan doen. Grappig dat je mensen dat oplegt. Jouw hoofd, jouw hart.

Ik start in het restaurant meestal om twee uur... dan gaat de beuk erin. Hoe sneller je werkt, hoe meer vaart je hebt. Alles wat ik weet dat lang gaat duren, zoals bijvoorbeeld het maken van een parfait (suikersiroop met een smaakje, eidooier au bain marie), moet eerst nog afkoelen om het daarna koud te verwerken, dus hoe sneller je dat gedaan hebt hoe beter.

Als de gasten binnen zijn om te eten houd ik ervan dat je alleen nog maar echt aan het afmaken bent. Je hebt alles om je heen, doet dit en dit en dit. Dan zijn het alleen de laatste handelingen. Het werkt dan gewoon. Dan ben ik 'cool'.

Antipasti La Vallade

Ingrediënten

4 rode puntpaprika's
zout en peper
olijfolie extra vergine
8 groene asperges
4 plakken aubergine van ca. 1 cm dikte
1 teen fijngehakte knoflook
balsamicoazijn
4 plakken serranoham
4 plakken foûet (Spaanse droge worst)

Voor de gemarineerde champignons

250 g champignons
2 dl water
2 dl azijn
1-2 tenen knoflook
$^1/_2$ citroen
$1^1/_4$ dl zonnebloemolie
$1^1/_4$ dl olijfolie extra vergine
1 tak rozemarijn
4 verse laurierbladeren
gehakte peterselie
zout en peper

Voor de frittata

6 eieren
1 teen knoflook
1 groene courgette
1 eetl. fijngehakte dragon
scheutje slagroom
zout en peper
olie

Voor de garnering

kapperappeltjes
olijven
eerste klas zongedroogde tomaatjes
paar krullen parmezaanse kaas
olijfolie extra vergine

Bereiden

• Verwarm de oven voor op 225°C/gasovenstand 5.

• Maak voor de gemarineerde champignons de paddestoelen schoon en halveer ze. Blancheer ze kort in het water met de azijn en giet ze af; laat ze circa 5 minuten uitlekken. Snijd de knoflook en de halve citroen in plakjes. Vermeng de zonnebloem- en olijfolie met rozemarijn, laurier, peterselie, plakjes knoflook en citroen, en zout en peper naar smaak. Laat de champignons hierin circa 1 uur marineren.

• Klop voor de frittata de eieren los. Pel de knoflook en snijd hem fijn, snijd de courgette in julienne. Vermeng deze ingrediënten met de dragon, de slagroom en zout en peper naar smaak. Verhit een klein scheutje olie in een grote koekenpan en giet alles erin; laat de frittata met het deksel op de pan op niet te hoog vuur niet al te gaar worden (8-10 minuten). Laat de frittata op een bord afkoelen en snijd hem in punten of vierkantjes.

• Rooster de puntpaprika's in de hete oven tot ze zwart geblakerd zijn; laat ze afkoelen en trek het vel eraf. Bestrooi ze met zout en peper naar smaak en besprenkel ze met olijfolie. Maak de groene asperges schoon, verwijder zo nodig het onderste deel. Was ze en dep ze droog. Rooster de asperges in een droge grillpan. Bestrooi ze met zout en peper naar smaak en besprenkel ze met olijfolie extra vergine. Rooster ook de plakken aubergine aan beide kanten in een droge koekenpan; bestrooi ze met de knoflook en zout en peper naar smaak en sprenkel er balsamico over.

Serveer de antipasti op een groot plat of in een diep bord en schik de ham en worst erbij. Garneer met kapperappeltjes, olijven, tomaatjes, krullen parmezaanse kaas (met de kaasschaaf) en olijfolie.

Saté van tonijn met spaghetti nero, rucolasalade en een uiensaus

Ingrediënten voor 6 personen

600 g rauwe tonijn, sushikwaliteit
4 teentjes knoflook
klein bosje koriander
3 rode chilipepers
olijfolie extra vergine
20 g sesamzaad
grof zeezout en versgemalen peper
250 g zwarte spaghetti
100 g rucola
klein potje kappertjes
6 houten satépennen

Voor de uiensaus

2 uien
olijfolie
zout en peper
1 tuinkruidenbouillontablet
$2^1/_2$ dl slagroom

Bereiden

• Snijd de tonijn in blokjes van 2x2 cm. Pel en rasp de tenen knoflook, snijd de helft van de koriander fijn, verwijder van de rode pepers de steeltjes en snijd het vruchtvlees fijn (als u uw gasten niet in verlegenheid wilt brengen door te 'pittig' te eten, maar toch wel een 'stoer' bord op tafel wilt zetten, kunt u de pitjes verwijderen en de pepers even onder koud water wassen om ze minder 'heet' te maken). Marineer de tonijn een halfuur in de olijfolie met de voorbereide ingrediënten, het sesamzaad en zout en peper. Rijg de tonijn aan de satépennen en laat ze nog verder marineren.

• Pel voor de uiensaus de uien, snijd ze fijn en zet ze aan in olijfolie tot ze mooi gekleurd zijn. Voeg zout, peper en het bouillontablet toe en daarna de slagroom. Laat de saus nog kort koken, proef of hij goed op smaak is.

• Kook de spaghetti volgens het voorschrift op het pak; giet af en voeg een drupje olijfolie toe. Was de rucola en slinger hem droog. Gril de tonijnsatés op een hete grillplaat heel kort tot ze rondom lichtgekleurd en vanbinnen nog volledig rood en rauw zijn en bestrooi ze met wat zeezout.

Serveren Verdeel in het midden van de borden de salade en leg daarop in het midden een bergje spaghetti. Drapeer de saus eromheen en strooi rondom enkele kappertjes. Leg de tonijnsaté op de spaghetti, garneer met de resterende koriander en serveer direct.

JEAN-LUC

Romige kastanjesoep met cantharellen
Salade
Hertenmedaillons met gefrituurde gnocchi, schorseneren en rodewijnsaus
Kaas
Amandelcakejes met dadels, kardemomsiroop en kaneelroom

Koken was bij ons een onderneming. Mijn moeder kookte twee keer per dag warm voor onze negenkoppige familie. Zij hield van koken en maakte klassiekers uit de Franse keuken, zoals boeuf bourgignon en coq-au-vin. Iedereen moest natuurlijk helpen, maar ik vond het leuk om met mijn grote zussen in de geurige dampen te vertoeven. En dit huiselijk gevoel heb ik nog steeds als ik in de keuken sta.
Op de dagen dat mijn moeder op de markt werkte, begon ze al om zes uur 's ochtends met de voorbereidingen voor het middageten. Dan kon je al bij het opstaan met je neus genieten van wat er later op tafel zou staan.

Ik had in het begin geen ambities voor koken. Ik deed aan meditatie vanaf mijn achttiende. Zo nu en dan hielp ik in de keuken van de Zen-school in Parijs. Na een tijdje begon ik er tijdens de vakantie full-time te koken onder leiding van een heel gepassioneerde chef, die klassiek Frans met macrobiotisch combineerde. Door de japanse Zen-meester kwamen er Oost-Aziatische invloeden bij. We kookten met twaalf man voor driehonderd mensen. Jaren later werd ik er chef.

Toen ik vijftien jaar geleden naar Amsterdam kwam, leerde ik er iemand kennen die als een van de eersten Franse delicatessen importeerde en aan restaurants verkocht. Ik hielp hem met inkopen: foie gras, volaille, speciale salades. Gelukkig kom je nu in Nederland vrij gemakkelijk aan goede, smaakvolle produkten. In de herfst ga ik het liefst zelf paddestoelen zoeken. Dat kan heel dicht bij huis, de Nederlandse bossen zijn er vol van.

Tom kwam ik tegen toen hij net met La Vallade was begonnen. Mijn vriendin stelde ons aan elkaar voor en verzweeg niet dat ik kok was. Mijn Franse accent deed de rest: na een paar minuten was ik aangenomen. Vanaf het eerste moment voelde ik mij er op mijn gemak. Die hartelijke sfeer, het avontuurlijke concept, alle vrijheid voor creatie… ik was verkocht.

adidas

adidas

Rozemarijnspies met zalm en citroen met aubergine caponata, mayonaise van pomodori secchi en rode peper

Ingrediënten
4 lange takken rozemarijn
500 g zalmfilet met vel (sushi kwaliteit)
1 citroen

Voor de pomodori-mayonaise
100 g pomodori secchi
1 eidooier
1 theel. dyonmosterd
1 theel. ordewijnazijn
½ theel. zout, versgemalen peper
2 dl olijfolie extra vergine
3 eetl. yoghurt
1 rode chilipeper

Voor de caponata
2 rode paprika's
1 aubergine
olijfolie
zout en versgemalen peper
1 rode ui
4 eetl. kappertjes

Bereiden

• Verwarm de oven voor op 225°C/gasovenstand 5.

• Rooster voor de caponata de paprika's in de oven of boven een gasvlam tot ze rondom geblakerd zijn. Leg ze enige tijd verpakt in aluminiumfolie weg. Ontvel de paprika's en snijd het vruchtvlees in kleine blokjes. Snijd de aubergine in kleine blokjes en zet deze aan in de olie tot ze net gaar zijn. Laat ze uitlekken en bestrooi ze met zout en peper. Pel de rode ui en snijd hem in fijne blokjes. Zet de ui kort aan in een beetje olie en laat ze uitlekken. Vermeng al deze ingrediënten met de kappertjes.

• Maak voor de rozemarijnspiesen de uiteinden van de takjes met een schaar puntig en pluk de naaldjes eraf. Snijd de zalm in dunne schuine plakjes van circa 50 gram en de citroen in schijfjes. Rijg de plakken golfsgewijs aan de takjes. Steek aan het uiteinde een schijfje citroen.

• Kook voor de pomodorimayonaise de pomodori tot ze zacht zijn en laat ze afkoelen. Vermeng eidooier, mosterd, azijn en zout en peper in de keukenmachine. Draai er een mayonaise van met de olijfolie en doe deze in een bakje. Pureer de pomodori, meng deze door de mayo en voeg de yoghurt toe.

• Rooster de zalmspiesjes kort in de oven halfgaar. Verwijder van de rode peper de steeltjes en zaadlijsten en snijd het vruchtvlees ragfijn.

Serveren Schep de caponata luchtig over het bord. Druppel de pomodorimayonaise over en tussen de caponata. Leg de spies hierop en bestrooi deze licht met de fijngehakte rode peper.

Paté de foies de volaille, sauce Cumberland

Ingrediënten voor een kleine cakevorm van ½ l inhoud

Voor de paté
300 g verse kippenlevers
1 middelgrote ui
1 eetl. boter
zout en versgemalen peper
1 theelepel tijm
2 eetl. cognac
120 g zachte maar niet gesmolten boter
40 g boter voor de vorm

Voor de cumberlandsaus
200 g rodebessengelei
1 sjalot, fijngehakt
1 eetlepel gemalen korianderzaad (ketumbar)
1 eetlepel gemberpoeder
1 eetlepel grove mosterd
2 eetl. rode port
2 eetl. jus d'orange

Bereiden

• Besmeer de binnenkant van de vorm met boter. Leg over de lengte een reep bakpapier die even breed is als de vorm. Vet het bakpapier ook in met boter.

• Snijd de ui fijn. Verhit een eetlepel boter op hoog vuur in een koekenpan. Smoor de ui in circa 1 minuut glazig. Bestrooi de kippenlevers met zout en peper en roerbak ze circa 5 minuten met de ui mee tot ze rosé vanbinnen zijn. Voeg de tijm toe en flambeer de levers met de cognac. Laat ze afkoelen tot kamertemperatuur.

• Pureer de kippenlevers, uien en stoofvocht met een derde van de zachte boter in een keukenmachine. Voeg het restant van de boter toe, en laat draaien tot het mengsel homogeen is.

• Schep het lever-botermengsel in de vorm. Klop de vorm een paar keer op een tafel om alle luchtbellen eruit te halen.
Zet de paté minimaal 4 uur in de koelkast om op te stijven.

• Laat voor de saus alle ingrediënten ruim 2 uur zachtjes doorkoken. Laat de saus afkoelen.

• Maak de paté aan de smalle kanten los van de vorm met een mes. Zet hem 5 seconden in een laagje heet water. Zorg dat er geen water in komt. Keer de vorm in één beweging om op een serveerbord of plank. Verwijder het bakpapier van de paté. Snijd er plakjes van met een warm mes.

Serveer de plakjes op borden met een eetlepel cumberlandsaus, wat cornichons en verse radijsjes.

Romige witlofsoep met Hollandse garnalen

Ingrediënten
100 g prei
1 ui
350 g witlof
boter
zout en witte peper
2 eetl. bloem
1 l gevogelte- of kippenbouillon
2 dl slagroom
100 g gepelde garnalen
bosje bieslook

Bereiden
• Snijd het wit van de prei in smalle ringen, pel de ui en snijd hem eveneens in ringen. Snijd van de struikjes lof het eindstukje af; houd een stronkje lof achter en snijd de rest fijn.
• Smelt de boter in een pan en zet er prei, ui en witlof in aan. Laat ze in de gesloten pan op laag vuur 30 minuten smoren en voeg zout en peper toe. Roer de gezeefde bloem door het mengsel en giet al roerend de koude bouillon erbij, laat de soep 5 minuten zachtjes koken. Pureer het geheel in een keukenmachine, doe de puree weer in de pan en roer de slagroom erdoor. Breng de soep aan de kook en breng op smaak met zout en peper.
• Snijd het achtergehouden struikje lof ragfijn en roer dit met de garnalen door de soep.
Serveer de soep gegarneerd met fijngeknipt bieslook.

Courgette-linzensoep met pistachekorianderpesto

Ingrediënten
75 g groene gesplitste linzen
1 ui
½ kg courgette
2 eetl. olijfolie
1 l kippen- of groentebouillon
zout en peper
snufje komijn

Voor de pistachekorianderpesto
2-3 teentjes knoflook
½ bos verse koriander
50 g pistachenoten, gedopt
2 eetl. olijfolie
zout en versgemalen peper
1 dl crème fraîche voor de garnering

Bereiden
• Week de linzen van tevoren 1-2 uur. Pel de ui en snijd hem fijn. Was en rasp de courgettes. Verhit de olie in een diepe pan en fruit de ui zachtjes goudbruin, voeg de courgette en de uitgelekte linzen toe en laat alles op laag vuur onder regelmatig roeren sudderen. Voeg de bouillon, zout en peper en de komijn toe en laat de soep 20-30 minuten zachtjes sudderen.
• Pel en snipper voor de pesto de knoflook en snijd de koriander fijn. Doe beide in een keukenmachine, doe de pistachenoten erbij en draai tot het een gladde pasta is. Voeg langzaam terwijl de machine op de laagste stand draait de olijfolie toe. Breng de pesto op smaak met zout en peper.
Serveer de soep in diepe borden met een schepje crème fraîche en een beetje pesto in het midden.

Romige komkommer-dillesoep met mosselen

Ingrediënten
60 g boter
50 g bloem
$1^1/_2$ l water
2 komkommers
$^1/_2$ bosje dille
3 gevogeltebouillontabletten
$1^1/_2$ dl crème fraîche
250 g gekookte mosselen
tabasco

Bereiden
• Smelt de boter in een diepe pan en roer de bloem erdoor; laat deze roux circa 1 minuut pruttelen. Voeg al roerend langzaam het water toe tot het een gladde, dungebonden soep is. Laat deze op laag vuur 15 minuten zachtjes koken zodat de bloem gaar wordt.
• Schil de komkommers en rasp ze fijn. Snijd de dilletakjes fijn.
• Doe de bouillontabletten en het komkommerraspsel in de soep en laat deze al roerend koken tot alles goed gemengd is. Roer de crème fraîche, de mosselen en de dille erdoor en breng op smaak met tabasco.

Selderij-kervelsoep met knoflookcroutons

Ingrediënten
2 grote uien
3 teentjes knoflook
1 kleine of $^1/_2$ grote selderijknol
1 aardappel
boter
$^1/_2$ l water
2 laurierblaadjes
1-2 kruidenbouillontabletten
zout en versgemalen peper
2 bosjes kervel
$1^1/_2$ dl slagroom

Bereiden
• Pel de uien en de knoflook en hak ze fijn. Schil de selderijknol en de aardappel en snijd ze in stukken.
• Smoor uien en knoflook in een beetje boter tot ze glazig zijn. Voeg circa $1^1/_2$ liter water toe, breng dit aan de kook. Voeg knolselderij en aardappel en de laurier toe en laat de soep circa 3 kwartier zachtjes koken. Haal de laurier uit de soep, pureer deze met de staafmixer en breng hem op smaak met kruidenbouillon, zout en peper. Hak de kervel fijn en laat hem 1 minuutje meekoken.
Serveer met beetje geklopte room en knoflookcroutons.

<u>Knoflookcroutons</u>
Snijd 2 sneetjes wittebrood in kleine blokjes. Vermeng in een kommetje 2 fijngesneden tenen knoflook met wat olijfolie. Giet dit over de blokjes, meng ze op een bakplaatje met wat zout en peper en rooster ze in een tot 180°C verwarmde oven tot ze knapperig zijn.

Doperwtensoep met gerookte zalm en heilbot, pernod en dragon

Ingrediënten
1 l kippen- of groentebouillon (van bouillontabletten)
$^1/_2$ l slagroom
koenjit
200 g kleine diepvriesdoperwten, of liever nog, versgedopte
zout en versgemalen peper
1 borrelglas Pernod, desgewenst
2 tenen knoflook
2 eetl. plantaardige olie
100 g gerookte zalm
100 g gerookte heilbot
een takje verse dragon

Bereiden
• Kook de bouillon in met de room en een snufje koenjit voor de kleur. Kook de doperwten kort in de soep zodat ze mooi groen blijven en pureer het geheel met de staafmixer. Breng op smaak met zout en peper. Voeg desgewenst, voor de anijsachtige en lichte alcoholsmaak, een borrelglas Pernod toe.
• Pel en pers de knoflook en fruit hem goudgeel in de olie.
Snijd de zalm en de heilbot in stukjes en pluk de blaadjes van de dragon.
Serveren Leg stukjes gerookte zalm en heilbot en wat dragonblaadjes in de borden en giet de gepureerde soep erop. Schep er een lepeltje knoflookolie overheen en maal er verse peper over.

Pellegrino en Zuurkool

Vrouw 1: Die mosterdsaus maakt het helemaal. O, mmm, mmm. Alles komt samen. Die zuurkool... zo traditioneel. Ik zou het zo nog een keer kunnen eten.

Vrouw 2: Ik wil graag mijn zuurkool apart. Ik vind alles wat er te eten en drinken is op de wereld lekker, behalve zuurkool.

Parelhoendijtjes

Dame 1: Is dat wat je allemaal achterlaat?

Dame 2: Lik jij nog maar even schat, maar het is wel allemaal vet.

Dame 1: Nou, en?

Dame 2: Nou ja, dat vind ik niet zo lekker. Wil je ook lekker die vellen?

Dame 1: Ik vind die mosterd eroverheen zo lekker. Mmmm.

Dame 2: (kijkt)

Dame 1: Ik moet ook wel een beetje opletten, inderdaad.

Dame 2: Wou ik net zeggen. Parelhoendijtjes krijg je ervan.

Dame 1: Zeg wil jij even dimmen! Ik heb ze net opgegeten.

Dame 2: Zo ken ik je weer.

Droom

Man: Ik vertel gewoon eerlijk wat ik heb gedroomd.

Vrouw (ongeïnteresseerd): en...

Man: Nou moet je niet meteen beginnen met analyseren...

Sterk

Man: Is het niet te sterk?

Vrouw: Hij is erg sterk!

Vegetarisch Parelhoen

Man: Heeft u ook vegetarisch, eigenlijk?

Bediening: Nee.

Man: Geen vegetarisch gerecht?

Bediening: Nee, het is één menu. Elke dag anders. Zeven dagen per week.

Man: Je weet dus niet wat je eet? Is het drie gangen, of zo?

Bediening: Vijf gangen.

Man: Vijf gangen!

Bediening: Vanaf vier uur weten we wat het menu is. En als je dat niet bevalt kun je afbellen.

Man: Dus als je kip op het menu hebt staan... wat leuk, wat leuk. Wat eten we? Vegetarisch?

Bediening: Nee, we beginnen wel met 'n aardappelsoep met truffelolie en basilicum en parmezaanse kaas.

Man: Lekker.

Bediening: Een salade. En dan is het hoofdgerecht zuurkool met parelhoen, trompettes des morts en mosterdsaus.

Man: En na het hoofdgerecht?

Bediening: Kaas. En na de kaas... iets met sinaasappel en rozenblaadjes.

Vrouw: Nou, dat klinkt toch lekker?

Man: Kunnen we nog zitten? Zij wil blijven, dus dan doen we dat.

Dooie Kikkers

Vrouw: Die paddestoelen lijken net dooie kikkers op 'n afstand.

Salade

Ingrediënten : 10 vertellers, 2 koks

5 God, wat een zooi hier! (De sollicitanten)

TOM Jean-Luc en ik behandelden sollicitaties samen. De sollicitanten werden zo neergezet dat ze de keuken niet konden zien en als ze dan niet naar de keuken vroegen werden ze afgekeurd, want dan schortte er iets aan hun motivatie.

JEAN-LUC Tom koos mensen op een intuïtieve manier. Er kwamen bijvoorbeeld sollicitanten met goede cv's, maar dan stelde hij de vraag: 'Stel je voor, morgen kook je hier... wat ga je maken?'
Dan ontstond er bij de meesten onzekerheid, zo van, 'Ik ken de keuken nog niet...' Voordat ze nog waren uitgepraat waren ze al naar de deur verwezen. 'Volgende'.
Zodra iemand z'n creativiteit toonde was dat voldoende.

Sollicitant 1 - Marcela

MARCELA Ik las een advertentie in de krant, 'Kok gezocht'. Ik gebeld en meteen gemeld, 'Ik ben wat ouder, dus als jullie zin hebben in een oude taart... dan ben ik dat.'
Ik vond het een leuk restaurantje maar wel gek dat er tijdens het gesprek een meisje in het restaurant stond te tappen, in haar handen te klappen en door de ruimte heen en weer te rennen. Ik dacht, God, wat een zooi hier. Er werd me van alles gevraagd maar met dat meisje op de achtergrond leek 't me niet echt professioneel. Ik ging de keuken, de machines en het fornuis bekijken. Twee dagen later belden ze dat ik was aangenomen. Later bleek dat ik de enige van de tien sollicitanten was geweest, die daarnaar geïnformeerd had.

LEJO Er zijn weinig koks die zo op smaak kunnen koken als Marcela. De smaak zat er altijd precies goed in, maar ze wist door haar Tsjechische achtergrond nooit hoe het gerecht heette. Zo had ze bijvoorbeeld 'Verbrande aardbeien' en ze stond erop dat het zo heette. Ze kon ook moeilijk hoeveelheden inschatten en gaf de eerste gasten meer dan de laatste. Ze begon dan met een hele tomaat op een bord en eindigde met een kwart tomaatje aan het eind van de avond.

MARCELA Ik had de vrijheid mijn eigen ding te doen en dat werkte heel inspirerend. We begonnen met maar twintig mensen per avond, na 2 à 3 maanden werden het er dertig, toen veertig, enzovoort. De betrokkenheid van de 'baas' was heel stimulerend, dat voelde zo prettig. Bijvoorbeeld, als ik iets had bedacht dan hoorde je, 'Ja, ja wat leuk! Ja dat is 't, doe maar, doe maar! Ja mooi!'
Of dingen liepen spaak. Ik bestelde schoongemaakte sardientjes. Maar ze kwamen nietschoongemaakt. Dan kwam ik in tijdnood. Dan zei Tom, 'Maakt niks uit Marcela, ik maak ze allemaal schoon voor je'. En dan ging jouw baas al die sardientjes schoonmaken. Dat waren leuke dingen. Ik maakte ooit gerookte varkensknie. Daar had ik wel m'n twijfels over. Het was nogal een grote bonk op je bord. Maar Tom was zo enthousiast.

TOM Als je zelf kookt en je denkt: dat zou ik

willen maken, dan moet je dat ook kunnen maken. Dan moet je niet horen, 'Dat kan niet hoor, dit is te duur of doe maar wat anders'. Dan sta je ineens met lege handen, en dan ros je maar wat in elkaar. Daar kun je dan nooit meer je ziel in leggen. Volgens mij kun je beter niet dicteren.

MARCELA Er aten vier Japanse dames. Wij dachten: die dames zijn kleine verfijnde hapjes gewend, en toen kwam dat grote bonk ineens op tafel. Tom kwam met een glimlach op zijn gezicht om een hoekje kijken hoe ze zouden reageren.
De dames pakten die hele knie en, 'wham!' ze begonnen te kluiven en waren razend enthousiast over het menu.

Sollicitant 2 – Frank

TOM Ik had een sollicitatie ontvangen van een nieuwe kok. Hij was een perfecte vakman maar imiteerde alles. Je moest hem niet vragen zelf iets te bedenken. Een bevriend restaurant had een kok gehad die hartstikke goed was maar niet wilde luisteren. Een gesjeesde Amerikaan. 'Wij willen dat alles er precies hetzelfde uitziet, zodat het herkenbaar is voor de gasten, maar hij maakt elke dag wat anders.' Toen dacht ik, hé..! Ik belde meteen de kok die bij ons gesolliciteerd had op en zei, 'Ik heb een baan voor je, maar niet bij mij'. Ik belde daarna het restaurant en vroeg de eigenares of we koks konden ruilen. Zij, ook prettig gestoord, zei: 'Goed. Perfect'. Die eerste jongen heeft ondertussen het restaurant overgenomen. Hij is eigenaar/chef-kok in de formule: een strakke vaste kaart. Dus op maat gesneden voor hem. Dat was een typische La Vallade-sollicitatie.

FRANK Ik kreeg een telefoontje van de eigenares van een restaurant waar ik werkte of ik zin had om te koken in La Vallade. Ik kwam eraan op m'n fiets en dacht toen ik de Ringdijk opreed, Dit wordt echt niets, maar goed... ik ga toch maar even kijken. Ik zag een

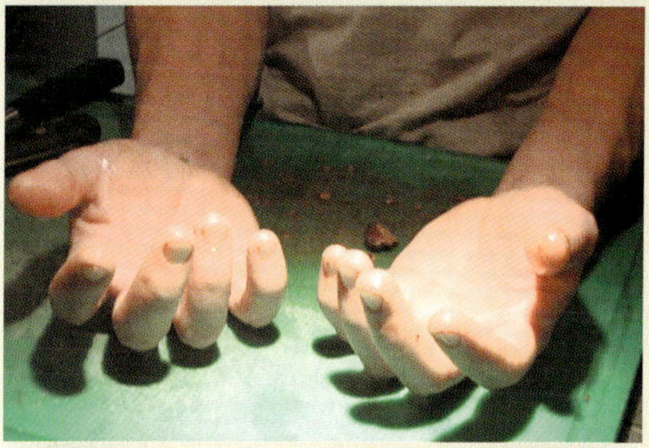

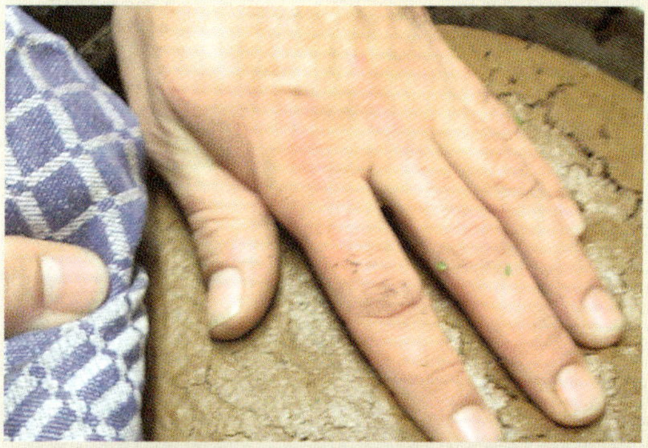

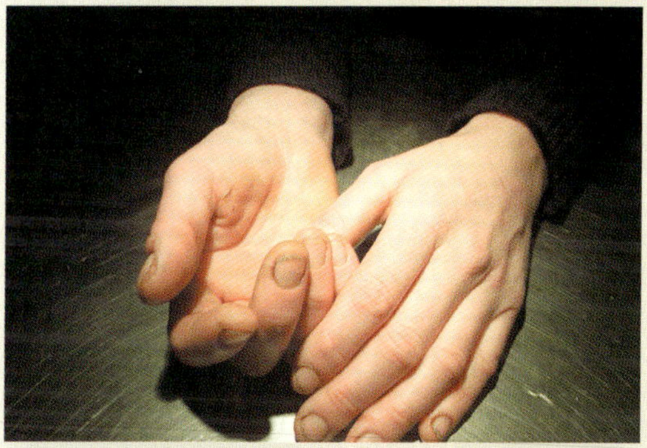

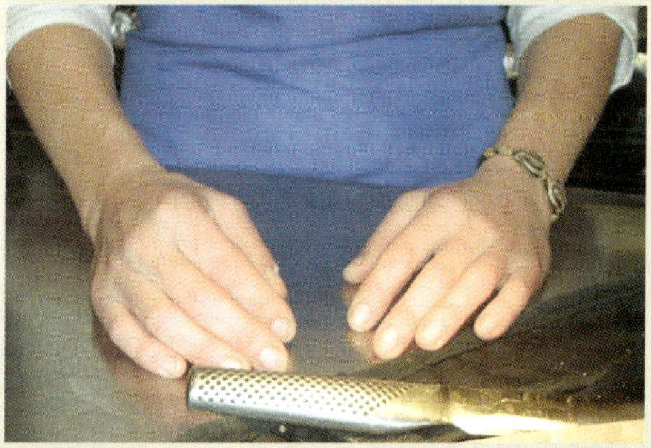

bord buiten waarop stond 'gigot d'agneau' en dacht toen, dit is een vondst, een klein verstopt plekje dat karakter uitstraalde. Ik was er meteen mee ingenomen, met die charme. Na een paar minuten voelde ik me al op mijn gemak. Het leek totaal niet op een normaal Amsterdams restaurantje. Een huiselijke, charmante sfeer heerste er. Ik geloofde het niet, die recepten, die prijzen. Ik kreeg de indruk dat ik in het paradijs was gestapt. Het was er zo comfortabel. Je kreeg ruimte voor creativiteit, het ging niet alleen om winst maar om met een uniek product te komen. De bedoeling van La Vallade was lekker eten, lekker lang zitten in een goede atmosfeer, nog een wijntje, whisky of cognac drinken bij de koffie.

Sollicitant 3 - Annemarie

ANNEMARIE Typerend voor La Vallade is de wijze waarop Tom mij inwerkte op de eerste dag. Tom zei dat we samen gingen koken en vroeg mij om een menu te bedenken. Ik weet het nog: lamsbout als hoofdgerecht en citroencrème toe en een soep vooraf. Tom had alles gehaald, keek even hoe ik bezig was en zei, 'O, dat gaat goed', ging gewoon weg en kwam om zeven uur zelf eten. Geen afspraken over proefdraaien. Hij liet het gewoon over aan jou en zag of je er met je hart mee bezig was. Als je dacht dat het te duur zou worden, zei Tom, 'Ach schijt, gewoon doen. Maak je de volgende keer maar een goedkoop soepje'. Daardoor ging je er vanzelf zorgvuldig mee om. Je maakte ook dingen die mensen normaliter niet zouden kiezen van een kaart. Dat was het leuke van die formule. Wild maakte ik vaak. Je hebt altijd mensen die niet van wild houden. Dan zei ik: probeer het nou en als je het echt niet lekker vindt dan maak ik iets anders voor je. Dan kwamen ze na afloop zeggen, 'Het was zo lekker, jeetje...

Sollicitant 4 – Dejan

DEJAN 'La Vallade gaf richting aan mijn leven', hier ontdekte ik de schoonheid van het koken. Het freelance gevoel trok me ook aan. Naast het koken hadden de mensen die daar werkten een doel naast hun werkzaamheden, de vrijheid en verantwoordelijkheid om schoonheid en eenvoud te ontdekken. Marcela, Frank en Jean-Luc leerden mij de basistechnieken. Ik werd steeds zelfverzekerder en begon op intuïtie te koken.

FRANK Wat daar zo speciaal was, was dat er veel meer aandacht uitging naar wat er werd opgediend in plaats van hoe. Je dacht, 'Het is echt, het is lekker, alles is vers. Fantastisch'.

ANNEMARIE Veel restaurants worden gestart met een van bovenaf bedachte

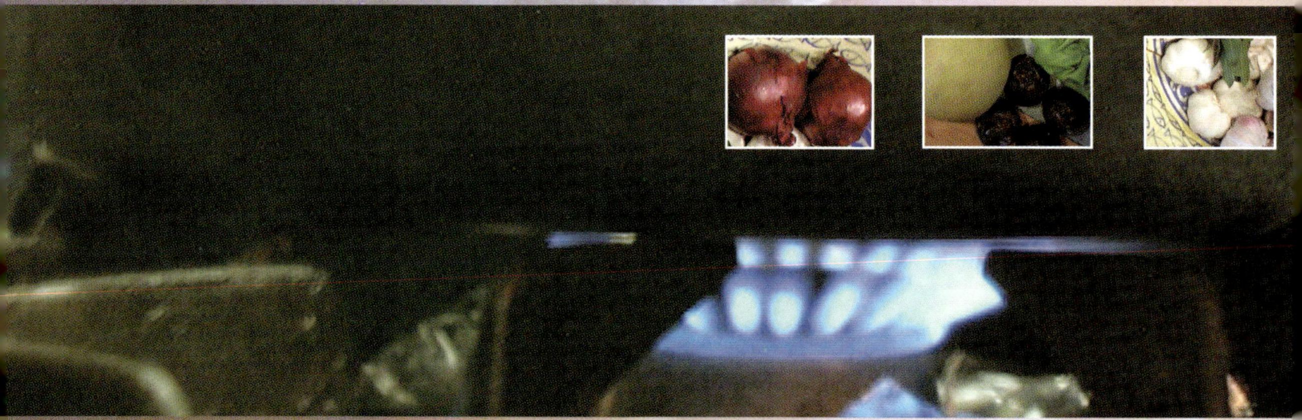

formule. Geld verdienen. Hier ging het niet om zakken vullen, maar om iets te doen waar Tom en Pauline plezier in hadden, en wij ook. Je probeerde zo lekker mogelijk te koken en het iedereen naar de zin te maken. Het geeft toch een kick als zestig mensen van jouw eten genieten

MARCELA Wat ook leuk was, was het directe contact met de gasten. Als de mensen naar buiten gingen en geïnteresseerd waren hoe ik het gerecht had gemaakt, kwamen ze vaak vertellen dat ze lekker hadden gegeten. Dat was voor mij de grootste beloning. In het begin dacht ik, het geld is wel belangrijk. Maar uiteindelijk waren de reacties van de mensen voor mij het belangrijkst. Het mooiste moment in mijn carrière bij La Vallade was, toen mensen na afloop van het eten a cappella voor mij gingen zingen. Achttien mensen stonden om de keuken heen en begonnen ineens een ode voor mij te zingen. Dat was me nog nooit overkomen.

6 Bollenschudmachine (personeel zoekt personeel)

JEAN-LUC Tom en Pauline verzamelden jonge mensen om zich heen. Vol energie, een beetje gek, maar die goed werkten en niet vreemd opkeken om iets nieuws te proberen.

LEJO Iedereen ontmoet vrienden tijdens z'n werk, maar dat is hier altijd extreem geweest.

FIONA Soort trekt soort aan. Dat is wat hier gebeurt. Een ploegje trekt er weer iemand bij. Als het hetzelfde soort is blijven ze. Er werken mensen die elkaar leuk vinden. Dat gevoel blijft hier hangen. Het was, 'Kom maar binnen en doe de deur dicht'. En de rest van de wereld bestond niet meer. Tom voelt intuïtief of mensen iets wel of niet kunnen. Zet maar een paar mensen bij elkaar en dan zoeken ze het wel uit...

MARCELA Ze noemden mij 'Moeder La Vallade'. Ze kwamen vaak met persoonlijke problemen. Ik had daar begrip voor en kon me inleven in hun problematiek. Het duurde wel een jaar of twee voordat ik daaraan gewend was, aan die eigenwijze krengen die dachten dat ze het allemaal zo goed wisten. Ik dwong wel respect af zodra ik m'n handen in m'n zij zette. Dan waren ze wel een beetje bang voor me.

FIONA Iemand van de bediening, bijvoorbeeld, zei als er kalfsvlees werd geserveerd, 'Aaah (zielig), het liep vanochtend nog in de wei', met een smile. De mensen pikten het gewoon. Hij draaide ook altijd de Vier Jaargetijden van Händel. Soms werd je er gek van.

FRANK Als het te druk was moesten we het eten, bestemd voor het personeel, doorverkopen en dan moest het personeel één portie met z'n allen delen en dan een bord soep. Iedereen ging daarin mee. Men was flexibel.

MARCELA Op een avond werd besloten door twee meisjes in de bediening om 'op chic' te gaan. Hoge hakken, sexy bloesjes met veel decolleté. Ik dacht, 'Goed, ik draag ook hoge hakken'. Ik struikelde van het ene gerecht naar het andere in de keuken. Maar toch volgehouden en hartstikke veel lol gehad en veel gelachen.

FIONA D'r werd vaak gezamenlijk geluncht en dan moest ik zeggen, 'Ik ga maar eens wat doen hoor'. Dan zei Tom, 'Ach nee, 't maakt toch niet uit. Anders begint het op werk te lijken.' De middagen gezellig boontjes schoonmaken buiten op het terras alsof je even in Frankrijk was. Dat is misschien wel het geheim; in La Vallade ben je vaak als werknemer even op vakantie!

JUR Personeelsproblematiek hadden ze weinig omdat het personeel zelf onderling van alles regelde. Iedereen was er heel collegiaal in als iemand moest worden vervangen. Het was gewoon even wat mensen bellen in plaats van dat iemand boven je dat allemaal regelt. We werkten met twintig mensen, die allemaal maar één dagje werkten. De beschikbaarheid was groot. Tien telefoontjes. Er was altijd wel iemand die het voor je deed.

LEJO Er waren mensen bij die het nooit leerden, maar ze waren zo leuk om erbij te hebben.

TOM Ik maak de vergelijking met een bollenschudmachine. Ik vond het als kind fascinerend hoe die bollen in de juiste maten in hun mandje terechtkwamen. Als je dezelfde overtuiging/sfeer, enz. hebt kom je meestal op dezelfde plek terecht ergens in de maatschappij. Zeker in een dorp als Amsterdam. Mensen die kwamen werken moesten wel in het team passen, geaccepteerd en opgenomen worden, meedoen, enzovoort. Er zijn mensen geweest die daar niet aan voldeden en na korte tijd toch weer weggingen. Maar niet in de trend van ontslag. Het zeefde zichzelf uit naar de volgende mand. Het was een natuurlijk selectieproces.
Ik heb expres de schijn van het amateurisme hooggehouden. Onbewust zit er wel professionaliteit in, het hoeft er alleen niet aan de buitenkant vanaf te stralen. Voor La Vallade vind ik dat niet passen. Bijvoorbeeld, 'Eet lekker!' in plaats van 'Ik wens u smakelijk eten.' 'Heeft het gesmaakt' vind ik de lulligste, want dan ben je te laat. Zelf loop ik een rondje als ze net lekker in het menu zitten ($^1/_4$-$^1/_3$), 'alles in orde?' dan geef je de klant alle gelegenheid een klacht of wens te uiten. Je moet naast jezelf stappen, een beetje alert zijn en bedenken hoe jij het zelf zou willen zien. Je wilt geen extra aandacht, zeuren, klagen, je wilt gewoon lekker eten. Maar als er iets is, moet je ze de gelegenheid geven er iets aan te doen. Voorbeeld: je ziet in de film wel eens de eigenaar/restaurateur de rekening verscheuren. Dat vond ik altijd zo'n prachtig gebaar. Het is mij ook een keer overkomen. Een aantal gasten, dat wel vaker kwam, gezellig, grappig. Toen bleek zich in een levering haasjes een paar diepvries te bevinden, die over het hoofd waren gezien en op tafel kwamen. Er kwam een terechte klacht. Je probeert het op te lossen. Zij wilden kaasdessert en verder, 'Laat maar'. Ik nog een extra fles Sancerre. Toen ze de rekening vroegen heb ik die demonstratief doorgescheurd. Ze zijn nog vele keren teruggeweest. Misschien was het voor hen zo'n avond als ik ooit meemaakte in Frankrijk. Het gaat niet altijd alleen om het eten. Het was voor hen uiteindelijk een leuke avond uit. In dat concept paste ook het personeel. Dat is belangrijk.

65X
bijna klaar
PORTOBELLO 2X
KNOFLOOK

DEJAN

Courgette-linzensoep met pistache-korianderpesto
Lamsschenkel à la grècque met een Koriatiki pastaschotel
Appel-walnotenbaklava met kardemom-siroop

Het woord 'amateur' heeft in het Grieks de betekenis van 'liefhebber'. Ik wil niet zeggen dat 'professioneel' dan als 'gebrek aan liefde' moet worden opgevat. Maar als je amateurisme in deze zin interpreteert was het essentieel voor La Vallade. Wanneer je daar kookt dan is het jouw thuis. Eén menu, één kok. De persoonlijke tong/smaak. Niets van wat je gebruikt is gisteren klaargemaakt of gesneden. Hier is het een eenmanswinkel.

Met mijn menu wilde ik een bepaald gevoel doorgeven. Je zou dit aan het eind van de zomer moeten maken (september-oktober). Het combineert gevoelens die ik meebreng vanuit mijn cultuur.
Het is een combinatie van de keuken bij mij thuis en een aantal dingen die ik zelf heb ontdekt. Het hoofdgerecht bijvoorbeeld, 'lamsschenkel' met een Griekse pastaschotel. Dit at ik ooit op Kreta en bleef het dagelijks eten omdat ik het zo lekker vond. Sommige dingen bedacht ik zelf, zoals de pistache-korianderpesto. Dit kwam door te spelen met het idee pesto en de mogelijkheden hiervan te exploreren. Het nagerecht is een persoonlijke variatie op een recept van mijn moeder, appel-walnootbaklava, die ze dikwijls maakte toen ik nog klein was. De soep is courgette-linzensoep. Een gerecht dat gewoonlijk in Zuid-Europa en in het Midden-Oosten wordt gegeten. Dit is dus eigenlijk een menu dat ik thuis voor vrienden zou kunnen maken.

Bij mij thuis in Joegoslavië was eten heel belangrijk. Men begreep dat het meer was dan alleen maar smaak. Er werd thuis werk van gemaakt. M'n vader ving zelf de beesten in de bergen, dingen werden ingemaakt. We leefden nogal afgelegen dus moest je voor jezelf zorgen. Deze eenvoud sprak voor zich. De armoede en de voedselschaarste maakte eten voor ons bijzonder waardevol.
In een stormachtige periode van mijn leven (in mijn land was de oorlog in volle gang), kon ik afwassen in de keuken en salades klaarmaken. Het was een existentiële periode voor mij. Langzaam ontdekte ik de liefde voor het koken en leerde van de koks die daar werkten. Na enkele maanden van kijken en leren kreeg ik de kans om te koken.

Mijn stijl werd ook ontwikkeld door het reizen op zoek naar de essentie van tradities in alle culturen. Ik vond een gemeenschappelijke route die loopt van het Midden-Oosten tot aan de Middellandse Zee en Zuid-Europa. Dat is in die zin historisch correct als wij ervan uitgaan dat de traditionele Italiaanse of Franse keuken, zijn wortels in een langere traditie heeft. Het zaad hiervoor werd in het Oosten geplant. Het woord 'chef' is Turks van origine. De Turken waren de eersten die georganiseerd koken introduceerden. Zoals een chef die de situatie controleert. Zelfs de ingrediënten komen uit het Oosten. Kruiden, pasta, rijst. Elke traditie heeft haar eigen interpretatie. Kwantiteit is relatief. Wat je hier bijvoorbeeld aan vlees voor vier personen kookt is meer dan voldoende voor twaalf in Pakistan.
Het belang van voedsel zie je pas in als je mensen ontmoet die geen eten hebben. Door tijdens m'n reizen bij plaatselijke bewoners te verblijven leerde ik veel over de originele aspecten van hun cultuur, wat ik in mijn koken toepaste. Daarna kwam ik altijd terug in La Vallade om m'n ervaringen in het eten te verwerken. La Vallade was mijn thuisbasis.

Je kunt koken vergelijken met muziek. Je hebt ritme, de noten zijn de ingrediënten, de kruiden de accenten, en de maten vormen de kooktijd. Als deze rivier van klanken harmonieus door je heen vloeit dan weerspiegelt zich dat in het koken. De ingrediënten zijn van een uitzonderlijk belang. Geen muzikant kan een mooi concert geven op een ontstemd of slecht instrument. Maar ik probeer alleen de essentie te vinden, een toonaard, en daarin een sfeer te creëren. De kleuren en de energie in een bepaald bereik te houden.

Het is niet alleen de smaak van het eten maar ook de energie die het eten je geeft. Je moet natuurlijk als je in een restaurant kookt de esthetische kant niet vergeten, maar men houdt nu ook het belang van de gezondheid hierbij in het oog; het is niet meer alleen het bevredigen van de smaakpapillen. We proeven eerst, maar het eten vibreert door in ons lichaam. Het geeft een blijvend gevoel.
Ik gebruik regelmatig een aantal kruiden, van onder andere India, die geneeskrachtige eigenschappen hebben. Kardemom is een goed digestief, kummel heeft een koelend effect in de zomer, chilipepers geven vuur en beschermen de maag. Bieden hem meer weerstand tegen ziekten. Dit is voor mij essentieel.

Het delen van eten is respect voor elkaar. Van de bereider via de brenger tot aan de eter, en dan is de cirkel weer rond. Dit voel ik zo.
Als ik deze gastvrijheid voel is de omgeving niet van belang, noch in welk land je je bevindt. Als deze met een glimlach en zorg wordt geboden geniet je.

MARCELA

Romige komkommer-dillesoep met mosselen
Biefstukrolletjes gevuld met waterkers, walnoten, rozemarijn en ansjovisfilets
Gebrande aardbeien

La Vallade: inspirerend, chaotisch, prettig, warm jasje om me heen.

Ik heb willekeurig iets genomen. Ik houd van dingen die een 'eigen smaak' hebben. Rundvlees is rundvlees. Als je daar te veel mee gaat rommelen is het niet meer wat het oorspronkelijk was. Ik houd niet van liflafjes. Het moet er wel goed uitzien en smaken naar de oorsprong.

Eten is iets waarmee je een familie bij elkaar kunt houden door gezamenlijk aan tafel te zitten, de gelegenheid hebben te praten. Soms heb je mensen aan tafel waar je het moeilijk mee hebt. Dan is het zo makkelijk om over het eten te beginnen en gaat het vanzelf. Het sociale aspect vind ik het allerbelangrijkst. Natuurlijk komt daar ook de smaak bij...

Patisserie doe ik met liefde. Tsjechië heeft een grote traditie in 'Konditorei'. Bijvoorbeeld gistdeeggerechten. Warme lunch, maar dan met zoete gerechten. Zoete noodles met maanzaad, gnocchi met vanillesaus. Ossenhaas gebraden in de oven met groenteroomsaus. Het zijn geen culinaire hoogstandjes maar het SMAAKT. Wat ik mis in de Tsjechische keuken is groente. Daar heb ik in Nederland mee leren werken.

Ik ben in Praag geboren. Bij ons thuis werd er goed gekookt. Dat deed mijn grootvader die ook bij ons woonde. In die tijd was dat best wel bijzonder dat een man de maaltijd bereidde. Als kind was ik al gefascineerd door bakken en koken. Ik deed altijd mee als er gekookt werd. Kerstkoekjes bakken, een Tsjechische traditie. Dat was bij voorbaat al een feest.

Ik werkte ooit in Tsjechië bij een textielbedrijf. Er was veel corruptie toen, er was van alles te weinig. Zo werden er veel 'deals' gesloten. Ik hield wel eens wat stof over voor goede klanten en in ruil daarvoor kreeg ik fazant. Tot nu toe heb ik niet zo'n lekkere fazant gegeten. Echt wild, afgeschoten. Je moest zelf de veren plukken en de ingewanden eruit halen. Fazant werd mijn specialiteit. Wat we ook vaak aten waren duiven. Mijn moeder was heel creatief en dat had natuurlijk ook te maken met het schaarse aanbod. Dat heb ik geloof ik van haar overgenomen: met weinig toch iets moois maken. Dat is mijn troef, mijn sterke kant. Van niets iets maken. Wat hier in Nederland, toentertijd, in mijn voordeel werkte was dat er weinig op culinair gebied was. Daardoor sprong ik eruit. Fazant, konijn, kende niemand.

Eind 1968 ben ik uit Praag naar Nederland gevlucht. Ik stapte in mijn eentje uit op het Centraal Station in Amsterdam met een klein koffertje en 40 mark op zak, en toen begon 't. Ik was 24 jaar. Ik sprak de taal niet, pakte aan wat er voorhanden was en kwam terecht bij een hotel. Bij het sollicitatiegesprek vertelde ik dat ik kon koken, terwijl ik het niet echt kon natuurlijk. Ik kwam dus tussen de koks en zij lieten mij radijsjes mooi snijden, en zo... Toen voelde ik me er toch een beetje bijhoren want ik at samen met de koks en hielp bij de patisserie. Ik dacht: ik ga een opleiding volgen zodat ik een echte gediplomeerde kok zou zijn. Op mijn 42ste ben ik hieraan begonnen en de rest is geschiedenis.

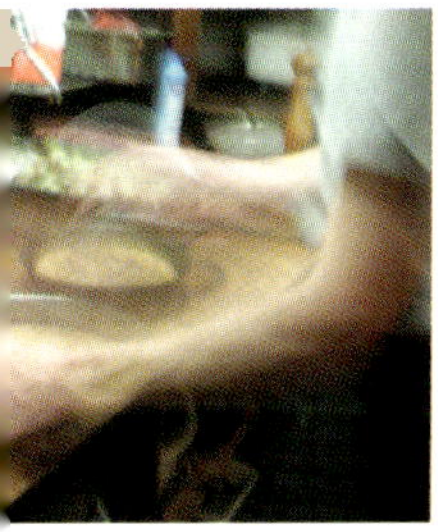
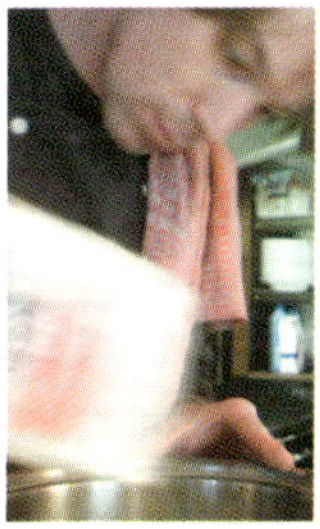

Hoofdgerechten

echt

ngrediënten : 6 vertellers, 1 dichter, 3 koks, 11 recepten

7 Voor tienen wordt er niet gezopen in de keuken! (De nazit)

JUR Het borrelen na het werk waren de belangrijke momenten. Het was toen een sport de klanten eruit te werken zodat je weer samen kon zijn. Om middernacht al het rolluik dicht want dan konden we vanaf twaalf uur in plaats vanaf één uur samen zijn, meestal tot zes uur 's ochtends. Het was gewoon leuk om te blijven hangen en er kwamen ook vrienden en vrienden van vrienden langs na sluitingstijd. Het werd altijd een klein feestje. Dan nog even een uurtje opruimen. Dat was ook heel belangrijk want iedereen deed dat. Koks, die in de buurt woonden, kwamen dan nog even kijken om één uur, of soms ook klanten.

LEJO Tom was bijna nooit bij de nazit. Hij gaf in mijn ogen het personeel te veel vrijheid. Ik stelde in: 'Voor tienen wordt er niet gezopen in de keuken!' Dat was een moeilijk in te voeren regel. Voor de meesten was het een parttime job. Tijdens de nazit kwamen de discussies over hun 'bijbaantje'. Het verschil was dat ze de continuïteit niet meemaakten. Het was, 'Ik ben er dinsdag en woensdag', 'tot volgende week', en 'zullen we zaterdag met z'n allen gaan stappen?' Dit was de plek waar ze elkaar allemaal zagen.

JUR Wij begrepen niet waarom we zakelijk moesten zijn. Lejo had meer het besef dat het een bedrijf was en niet alleen een speeltuin. Er moest uiteindelijk geld in het laatje komen en het kostte veel om iedereen te kunnen betalen. We maakten ook rommel en gelukkig kon Fiona, die in het begin schoonmaakte, daar tegen. Ze kon zien als het weer laat was geworden. Dan zei ze, 'Oké, Jur heeft gewerkt, het was laat en het was gezellig.' Ik heb in het begin nooit het idee gehad dat we met iets commercieels bezig waren. Soms werd er nagedacht over 'er staan nog vier flessen wijn open'. Gelul, want dan ruikt die zaak lekker.

LEJO Men ging gewoon ontbijten na een lange nacht 'nazitten' of stappen. Dat was leuk maar soms ook heel ergerlijk. Huiskamer vond ik niet erg, clubhuis wel. Dan haakte ik af. Wat er dan nog verder gebeurde wilde ik niet weten. Je vond dan wel de volgende dag een briefje in de kassa waarop stond, 'We hebben met z'n allen gelapt'.

JUR Mede door het puberale gedrag en het vele zuipen na sluitingstijd is die zaak geworden wat het nu is. Het is geen slechte investering geweest. Tom deed nooit lullig. Als een baas lullig doet, word je gemeen tegen die baas en ben je niet bereidwillig. Dat had hij niet in zich.

8 Eten, of niet eten (Eén menu)

MARCELA Het 'één menu'-concept bracht een bepaald soort publiek met zich mee. Men was wat makkelijker omdat er geen keuze was. Mensen die nieuwsgierig waren naar wat er hier gekookt werd. We hadden een bepaald budget. Tja, dan begin je gewoon met kip. Kip in allerlei variaties. Een 5-gangen menu kostte toen nog negen gulden. Dat was best wel moeilijk om daar een goed menu in te passen. Op een gegeven moment dacht ik... alweer kip, dat kan toch niet! Ik word stapelgek, ik wil een keertje biefstuk. Dan moesten de soep en het nagerecht goedkoper. Op een gegeven moment hadden we de vrijheid te mogen bestellen wat we wilden. Maar de eerste twee jaar was het echt... kip cinzanosaus, kip gepocheerd in bouillon, kip met dit, kip met... o, ik werd stapelgek! Wat je om twee uur binnen had maakte je op, en dat was 't. Groenten, vis, vlees, alles was vers, niks bleef er over en als er iets over was aten wij dat zelf op of het werd weggegooid, want de volgende dag was er weer wat anders. Meestal was het wel zo gepland dat er niets overbleef. Dat was en is het sterke punt van La Vallade.

FRANK Het is natuurlijk niet voor iedereen en ik realiseerde me al snel dat er ook mensen waren die niet geïnteresseerd waren in een dagmenu, maar wij hielden vast aan Toms oorspronkelijke idee, tu manges ou tu ne manges pas. Het duurde even, maar het werkte.

Het was in die tijd een uniek idee en het is nog steeds enigszins uniek.

JUR Net Frankrijk. Bij het voorgerecht ben je dan nog een beetje schichtig ten aanzien van je buurman. Je drinkt nog een glaasje wijn en op een gegeven moment beginnen de 'blagues' (grappen) en bij het dessert is de tafel één groep geworden. Best bijzonder eigenlijk. Dat zijn allemaal vrachtwagenchauffeurs en werklui. Fransen krijgen 48 francs séjour van hun werkgever voor hun lunch en daar hebben ze twee uur de tijd voor. In Nederland is het een broodtrommeltje met gesmeerde boterhammen dat je meeneemt naar je werk.

LEJO Als de keuringsdienst binnenkwam en ze naar de voorraad vroegen, zeiden we: 'We hebben alleen maar droge voorraad achter staan... de rest gaat vandaag op en morgen komt er een andere kok met een ander menu.

JUR Je had vrij snel de favoriete gerechten per kok te pakken. Of het nu de vrij boerse varkensvleesgerechten waren van Marcela, de terrine van vis van Annemarie, of de kastanjesoep van Jean-Luc, de Thaise soep met koriander van Pieter. Omdat er zoveel koks werkten was er altijd gevarieerd eten. Laat ik vooral de hete makreel van Pauline niet vergeten, heerlijk!

9 Coq au Vin (Budget)

TOM We waren alleen maar met eten bezig en de rest was allemaal bijzaak. Terwijl veel restaurants uitgaan van een mooie plek, mooi interieur, knappe meisjes in de bediening, mooie borden, glimmend bestek, en... o, ja, er moet ook nog gekookt worden. Bij ons ging het volledig andersom. We hebben de eerste vier jaar alleen maar verlies gehad. Het beetje geld dat ik had was 'bloep' weg. Wat het personeel natuurlijk niet wist, is dat het soms best moeilijk was. Belasting, rekeningen! Als ik dan op 00,00 stond en een aanslag binnenkreeg van de Belastingdienst dacht ik: Ahhh, hoe ga ik dat doen!!??, met je hoofd tegen de muur slaan helpt niet. Dan ging ik

gewoon mezelf even verwennen, een broek of een hemd kopen, dat maakte dan toch niets meer uit op zo'n bedrag. Dan was ik er klaar mee en kon ik 'lalalala' binnenkomen denkend, ze zoeken het maar uit, (de Belasting).

FRANK Toen het net begon te lopen kon ik me voorstellen hoe hij 's nachts zou liggen nadenken over hoe hij een extra stoel in de tent kon krijgen. Urenlang over tafels verplaatsen of een tafel voor twee naar vier, of die tafel doorzagen, die muur verplaatsen, een betere tweedehands oven kopen. Hij had bijvoorbeeld een gage met ons besproken maar op een bepaald moment moest hij er weer wat van terug, want het bleek te veel. Hij was daar eerlijk in en besprak dat met iedereen en wij gaven het gewoon terug en hadden daar geen moeite mee. Want als het goed ging kreeg je het weer terug of meer. Het was in het begin best onzeker. Je wist niet hoeveel mensen er zouden komen. Voor hoeveel je moest koken. Gek genoeg zat er bij Tom of Pauline totaal geen stress. Degenen die het moesten betalen als je te veel had ingekocht en het dan weer weg moesten gooien. Tom gaf dan wat richtlijnen voor het aantal mensen voor de verschillende dagen. Zalm was in die dagen duur en ik was er gek op. Ik vroeg of ik eens zalm mocht koken. Tom vond het prima. Ik ging in m'n auto naar IJmuiden om maar een paar gulden uit te sparen, terwijl dat voor Tom helemaal niet hoefde. Maar zelf vond ik die moeite belangrijk zodat ik me comfortabel zou voelen met zo'n grote uitgave waarvan we misschien niet alles zouden verkopen en er financieel bij in zouden schieten. Iedereen die er werkte was zich bewust van de situatie, de risico's van alleen één menu.

JEAN-LUC We moesten inkopen doen (menu was ƒ 9,-) voor één derde. We moesten dus wonderen verrichten in het begin. Het was de kunst van een kip iets leuks te maken.

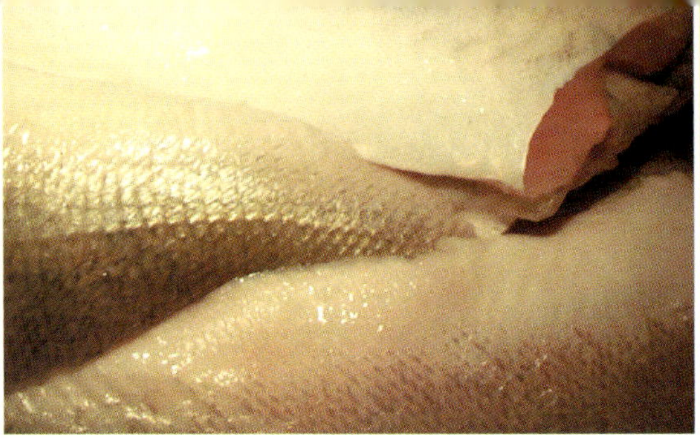

Er werden veel klassiekers gemaakt. Coq-au-vin, boeuf bourgignon, blanquette de veau. Die waren te betalen. We konden geen dure ingrediënten gebruiken. Wel, met uitzondering, de aanbiedingen waar Tom achteraan ging, zoals fazant, hert en zo. Het was vrij beperkt, maar

door het succes groeide langzaam het budget en Tom was daarin niet gierig. Het is hier nooit echt om geld gegaan en het brengt nog steeds niet echt veel geld op. (Een menu is nu nog steeds goedkoop). Als het in andere restaurants rustig is blijft het in La Vallade vol.

PIETER

Romige witlofsoep met Hollandse garnalen
Gegrilde tonijn met koriander-gembervinaigrette
Oosterse clafoutis met abrikozen en hazelnoten

Mijn buurman vroeg op een gegeven moment aan mij: 'Waar werk je?' Ik zei: 'In La Vallade'. Hij antwoordde, 'O, die alternatieve tent'.

Mijn keuken is in basis Frans met oosterse invloeden: Japans, Chinees, Thais. Een ideaal menu heeft te maken met seizoen en weer. Je maakt geen Mexicaanse bonensoep in de zomer. Dan hoeft men geen hoofdgerecht meer.

Ik ben heel geordend, schrijf alles uit. Als ik andere mensen zie koken denk ik wel eens bij mezelf, Allemachtig, wat 'n chaos... dat je daarin aan het koken bent. Zo dat er bijna geen ruimte is om toetjes klaar te maken. Ik houd van een werkbank die zo leeg mogelijk is, m'n ingrediënten voor het grijpen zijn en zo en geen keukenmachines 's avonds op de werkbank, of 'n mixer. Nee.
Je moet het menu niet te arbeidsintensief maken. Je moet economisch met je tijd omgaan. Dat zijn facetten waarmee ik rekening houd.

Koken fascineerde me altijd al. Mijn vader was banketbakker in Zeeland. Eerst zat ik in de grafische sector, kleur mengen, dat was vrij exact. Koken is een stuk techniek dat je in de jaren leert, ontwikkelt en toepast. Een drang om iets ambachtelijks met je handen en met eten doen. Toch zijn er ook dingen die je volgens je stemming en de smaak die je op dat moment hebt doet, zoals een soep of een saus in elkaar zetten. Dat hoeft niet zo exact. De ene keer is ie pittig, de andere keer zit er een andere smaaknuance aan.

Ik geniet van de vrijheid die je hier als kok hebt, om binnen het budget te doen wat jezelf wilt. Zonder te extreem te worden, bijvoorbeeld geen orgaanvlees. Niet iedereen lust extreme dingen, maar heel veel is hier mogelijk aan smaken.

Het is hier 'no nonsense', maar toch heeft het eten een enorme kwaliteit. De prijs/kwaliteitsverhouding klopt gewoon. Toch heel origineel altijd. Elke dag vers. Je kunt soms in heel dure tenten vis eten die twee, drie dagen oud is. Dat zou je hier nooit overkomen.

Parelhoensuprême met rode linzen, spinazie en truffelroomsaus

Ingrediënten
4 parelhoensuprêmes (halve borst met deel poot eraan)
2 eetl. plantaardige olie

Voor de linzen
300 g rode linzen
50 g wortel
50 g ui
50 g bleekselderij
100 g mager rookspek
rozemarijn
bladselderij
3 laurierbladeren
kippenbouillon-tabletten
zout en versgemalen peper
10 gedroogde tomaatjes

Voor de spinazie
1 kg wilde spinazie
1 teentje knoflook
2 eetl. plantaardige olie
zout en versgemalen peper

Voor de truffelroomsaus
3 eetl. truffelpuree uit een pot
$1^1/_4$ dl crème fraîche
zout en peper

Bereiden
• Verwarm de oven voor op 200°C/gasovenstand 4.
• Braad de parelhoensuprêmes aan in hete olie en leg ze op een bakplaat in de oven; laat ze in circa 15 minuten gaar worden. Neem ze uit de oven en laat ze rusten.
• Doe de linzen in een pan met zoveel water dat ze net onder staan. Snijd de wortel, ui, bleekselderij en het spek in blokjes en de rozemarijn en bladselderij fijn. Doe dit alles bij de linzen met de laurier, de kippenbouillontabletten, zout en peper. Breng het geheel aan de kook en laat de linzen in 15-20 minuten niet te gaar koken. Snijd de gedroogde tomaat grof en meng ze door de linzen.
• Maak de spinazie schoon en was hem goed. Pel en snipper de knoflook. Verhit de olie, bak de knoflook kort en roerbak de spinazie op hoog vuur tot hij net geslonken is. Breng op smaak met zout en peper.
• Meng voor de truffelroomsaus de truffelpuree met de crème fraîche, breng op smaak met zout en peper en verwarm de saus heel even.
Serveren Leg op elk bord een parelhoensuprême op een bedje van linzen. Schep er spinazie naast en de saus rondom.

Kleine nasi ramas

Ingrediënten
400 g droogkokende rijst
kroepoek

Bereiden
• Was de rijst goed in een zeef tot het water dat eraf loopt helder is. Breng de rijst in een pan met zoveel water aan de kook dat het een vingerkootje boven de rijst staat (circa 6 dl). Breng aan de kook, roer de rijst een keer goed om en sluit de pan; draai het vuur laag en laat de rijst in 20-25 minuten gaar worden. Neem het deksel van de pan en laat de rijst nog even drogen. Maak hem rul met een vork.
• Schrap voor de atjar de wortel en snijd hem in dunne reepjes. Verdeel de bloemkool in roosjes, haal de sperziebonen af en snijd ze in drieën. Schil de komkommer, snijd hem in de

Voor de atjar
400 g gemengde groenten, winterwortel, bloemkool, sperziebonen, komkommer
2 rode chilipepers
4 uien
1 teen knoflook
zout
2 schijfjes verse gemberwortel
1 dun schijfje verse koenjit
olie
1 dl witte natuurazijn
2 eetl. witte basterdsuiker

Voor de smoor van kip
4 kipkarbonades
citroensap
zout en peper
1 kg uien
2 tenen knoflook
3 tomaten
5 cm verse gemberwortel
plantaardige olie
2 eetl. ketjap manis
2 dl water

Voor de frikadel panggang
1 middelgrote ui
2 tenen knoflook
200 g gekookte aardappelen
500 g rundergehakt
2 eieren
3 eetl. fijngesneden selderij
zout en peper
2 eetl. ketjap manis

lengte doormidden en schraap de pitjes eruit; snijd beide helften in vingerdikke stukjes. Verwijder de steeltjes en de zaadjes van de pepers en snijd het vruchtvlees in grove stukken. Pel de uien en de knoflook en snijd 3 uien en de knoflook fijn, snijd de laatste ui in ringen. Schil de gember en de koenjit en snijd ze ragfijn. Wrijf voor de boemboe de gesnipperde ui met knoflook, gember en koenjit in een vijzel door elkaar. Verhit een beetje olie in een wajan en fruit de boemboe 10 minuten op halfhoog vuur. Giet er een flinke scheut azijn bij en doe de uienringen, de suiker en de rode pepers in de wok, verwarm ze al roerend 10 minuten. Doe de sperziebonen erbij en roerbak 15 minuten, roerbak de bloemkoolroosjes 15 minuten en ten slotte de wortel nog 15 minuten. Laat de atjar nog 15 minuten sudderen, neem de pan van het vuur en meng van het vuur af de komkommer erdoor.

• Wrijf voor de smoor de stukjes kip in met citroensap, zout en peper. Zet ze een halfuur afgedekt op een koele plaats. Pel en snipper de uien en de knoflook. Dompel de tomaten in kokend water, laat ze schrikken in koud water en ontvel ze; snijd het vruchtvlees in stukjes. Schil en rasp de gemberwortel. Verhit de olie in een wok en smoor ui, knoflook en gember tot de ui glazig is. Voeg de gesneden tomaat toe en roerbak 5 minuten. Leg de stukken kip in de wok, voeg de ketjap en het water toe en breng het geheel aan de kook. Laat de kip op halfhoog vuur in circa 40 minuten gaar sudderen.

• Pel voor de frikadel panggang ui en knoflook en snijd ze fijn. Prak de aardappelen fijn en vermeng ui, knoflook, aardappel, gehakt, ei, selderij, zout en peper en ketjap. Vorm hiervan kleine balletjes. Verhit ruim olie in een grote koekenpan en bak de frikadelletjes rondom in circa 8 minuten goudbruin en gaar (doe dit zo nodig in enkele porties).

Voor de sambal goreng kentang
2 tenen knoflook
2 schijfjes verse gemberwortel
1 rode chilipeper
olie
50 g bruine basterdsuiker
1 eetl. keukentamarinde uit een pot
2 dl water
1 zakje fritessticks, naturel

• Snijd voor de sambal goreng kentang de knoflook en de geschilde gember ragfijn. Verwijder het steeltje en de zaadjes van het pepertje en snijd het vruchtvlees ragfijn. Verhit een beetje olie in een wajan en fruit knoflook, gember en chilipeper 5 minuten. Strooi de suiker erover en schep goed om. Voeg de tamarinde en het water toe en laat dit even pruttelen. Schep van het vuur af de frites erdoor.

Serveer de nasi ramas op een groot bord. Druk de rijst in een kommetje en stort dit in het midden van het bord. Schik de overige gerechten om de rijst en leg er een stuk kroepoek op.

Gegrilde tonijn met koriander-gembervinaigrette

Ingrediënten
4 duimdikke plakken tonijn à ca. 150 g
1 courgette
1 teentje knoflook
olie
zout en peper
100 g zeekraal
4 eetl. sesamzaad
250 g eiernoedels (Sourby)
citroensap

Voor de koriander-gembervinaigrette
1 bos koriander
½ bos bladpeterselie
½ ui
2 teentjes knoflook
¼ dl witte-wijnazijn
1 theel. groene-kruidenmosterd
2 theel. sojasaus (kikkoman)
3 theel. gembersiroop
2 theel. sesamolie
1 dl zonnebloemolie
zout en peper
citroensap

Bereiden
• Laat de tonijn 1 uur op kamertemperatuur komen.
• Pureer voor de vinaigrette de koriander met de peterselie, de gepelde ui en knoflook met de azijn en de mosterd in een keukenmachine. Voeg de sojasaus, de gembersiroop, de olie en zout en peper toe en pureer kort tot alles gemengd is. Breng zo nodig op smaak met citroensap.
• Snijd de gewassen courgette in reepjes. Snijd de knoflook ragfijn. Verhit een beetje olie in een wok en roerbak de courgette met knoflook, zout en peper. Blancheer in een andere pan de zeekraal 30 seconden, giet af en spoel koud. Rooster het sesamzaad in een droge koekenpan.
• Kook de eiernoedels volgens voorschrift op het pak gaar.
• Verhit een grillpan. Bestrijk de tonijnsteaks aan beide kanten met olie en citroensap en gril ze aan elke kant 1 minuut op de grillpan.
Serveren Verdeel de noedels op vier verwarmde borden, leg daarop een tonijnsteak en schep de courgette erop. Sprenkel de vinaigrette rond de vis. Bestrooi met de zeekraal en het sesamzaad.

Hertenmedaillons met gefrituurde gnocchi, schorseneren en rode-wijnsaus

Ingrediënten voor 6 personen
6 hertenmedaillons van ca. 150 g
40 g boter
2 eetl. olijfolie

Voor de pompoen-gnocchi
750 g geschilde bio pompoen
30 g boter
190 g bloem
1 eidooier
zout en peper
olie om te frituren

Voor de rode-wijnsaus
3 sjalotjes
1 dl rode wijn
1 dl wildfond
1 bouquet garni (1 takje tijm, 1 laurierblad, 1 takje bladpeterselie)
2 tenen knoflook
30 g boter
zout en peper

Voor het garnituur
2 rode uien
2 eetl. olijfolie
zout en peper
1 eetl. suiker
1 kg schorseneren
boter
250 g sugarsnaps
1 eetl. balsamicoazijn

Bereiden
• Snijd voor de gnocchi de pompoen in blokjes, doe ze in een pan met water en zout en kook ze gaar. Giet ze af en wrijf ze door een zeef. Doe de pompoenpuree in de pan en voeg de boter toe. Verhit al roerend op laag vuur tot het mengsel dikker en droger is. Neem de pan van het vuur en roer de bloem, de losgeroerde eidooier en zout en peper erdoor tot het een zacht deeg is. Vorm steeds van een eetlepel pompoenmengsel een balletje. Druk dat met een vork aan een kant enigszins plat. Breng in een pan ruim water aan de kook en kook de gnocchi tot ze komen bovendrijven. Laat ze afkoelen in ruim koud water. Dep ze droog met keukenpapier en zet ze apart.
• Verwarm de oven voor op 200°C/gasovenstand 4.
• Pel de uien, snijd ze in de lengte in vieren en leg ze in een ovenschaal; sprenkel de olijfolie erover en bestrooi ze met zout en suiker. Zet de schaal in de oven en laat de uien langzaam gaar worden en daarbij karameliseren. Blus af met balsamico. Schil de schorseneren, was ze, snijd ze in stukjes en smoor ze in voldoende boter, breng ze op smaak met zout en peper. Blancheer de sugarsnaps 2-3 minuten in kokend water met zout beetgaar. Giet ze af en laat ze schrikken onder ijskoud water.
• Verhit de boter met de olie in een koekenpan en schroei de hertenmedaillons rondom dicht; breng ze op de gewenste gaarheid en laat het vlees afgedekt met aluminiumfolie op een warme plaats rusten.
• Giet het braadvet uit de pan, blus af met de wijn en laat deze tot de helft inkoken, voeg de wildfond, het bouquet garni en de knoflook toe en laat nogmaals inkoken tot de gewenste dikte. Zeef de saus, monteer hem met boter en breng op smaak met zout en peper.

• Verhit frituurolie in de friteuse tot 190°C en frituur de gnocchi lichtbruin. **Serveer** op verwarmde borden de gnocchi in het midden en de schorseneren ernaast. Leg steeds een biefstuk op de schorseneren met daarop een stuk ui. Schik de sugarsnaps ernaast en druppel de saus om het vlees.

PAULINE

Pindasoep
Kleine nasi ramas
Ketan unti (Kleefrijst met kokos en Javaanse suiker)

La Vallade is voor mij een droom die werkelijkheid is geworden.

Toen ik jong was wilde ik nooit Indonesisch koken. Mijn moeder kookte dubbel. Nederlands voor de kinderen en Indonesisch voor mijn vader. Altijd gedaan. Ik was niet anders dan Nederlands eten gewend. Mensen die haar kenden kwamen wel eens eten op feestjes en die vroegen of zij kooklessen wilde geven op een avondschool in Brabant. En zo is het gebeurd. Op straat hoort ze nog steeds, 'Mevrouw Floor, ik heb het gemaakt hoor. Lekker hoor, het is helemaal gelukt'. Later ben ik pas Indonesisch gaan koken. Mijn moeder gaf mij de recepten zoals zij les gaf, en door proeven vond ik dat ik dingen moest toevoegen waardoor ik het lekkerder vond. Dat van mijn moeder was heel zacht, aangepast aan de Nederlandse smaak van die tijd. Maar de gerechten die zij thuis maakte voor mijn vader kun je nergens eten. Dat was echt Indisch. Ik heb ze allemaal opgeschreven want ik wil ze doorgeven aan de kinderen.

Ik kook nu niet zelf meer in La Vallade, maar dit is typisch zo'n menu waarmee ik begon in ons vorig café/restaurant. De nasi ramas ging altijd heel goed. De pindasoep heb ik van een Surinaams meisje geleerd.

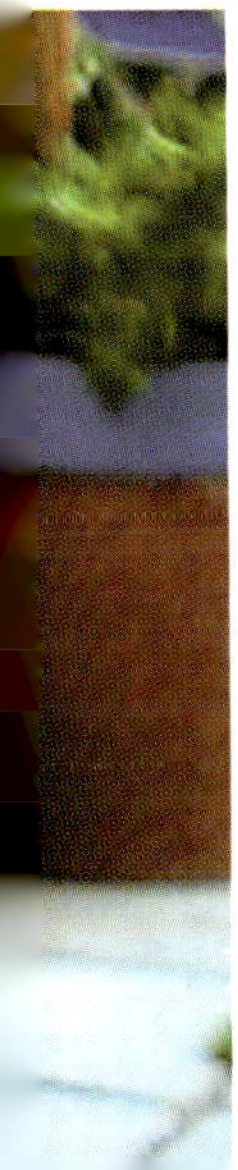

Lamsbout uit de oven met een honing-tijmsaus, aardappeltjes uit de oven en geroerbakte groenten (gigot de présalé roti)

Ingrediënten voor 6 personen

1,2 kg lamsbout
20 teentjes knoflook
zout en peper
olijfolie
500 g boter

Voor de honing-tijmsaus
250 g boter
250 g honing
bosje tijm
zout en peper
1/2 tuinkruidenbouillontablet

Voor het garnituur
1 kg kleine aardappelen
zout
rozemarijn
knoflook
olijfolie
500 g verschillende groenten, bijv. venkel, paprika, bleekselderij, peultjes, bosui
2 eetl. sojasaus
1 1/2 dl witte wijn

Bereiden

• Verwarm de oven voor op 225°C/gasovenstand 5.

• Snijd zo nodig het ergste vet van de lamsbout en kerf hem met een scherp mesje rondom 20 maal in. Pel de knoflook en steek de teentjes in de inkepingen. Bestrooi de bout met royaal zout en leg hem in een braadslee met daarin een beetje olijfolie. Leg er plakken boter op en schuif de braadslee in de oven. Braad de bout onder regelmatig bedruipen met het braadvet uit de braadslee in 15 minuten bruin. Schakel de oven terug naar 175°C/gasovenstand 3 en braad de bout nog 35-45 minuten tot de kerntemperatuur minimaal 65° is. Neem de braadslee uit de oven, dek het vlees af met aluminiumfolie en laat het circa 10 minuten rusten. Snijd het voor het serveren in plakken.

• Was voor het garnituur de aardappelen goed en kook ze in 10 minuten beetgaar in kokend water met zout. Giet ze af. Ris de naaldjes van de rozemarijn en pel de knoflook. Doe de aardappeltjes in een kleine braadslee met olijfolie, rozemarijn en knoflook en bak ze in de oven bij de lamsbout goudbruin.

• Smelt voor de saus de boter met de honing in een pan en voeg de afgeriste tijmblaadjes toe met wat zout en peper en het bouillontablet. Laat het op laag vuur trekken; roer de saus af en toe goed door tot hij licht gaat karameliseren tot goudbruin.

• Maak alle groenten schoon en snijd ze grof, maar in gelijke afmetingen. Verhit een beetje olie in een wok op hoog vuur en roerbak de groenten met zout en peper. Voeg een scheutje sojasaus en de witte wijn toe en laat de groenten nog even koken.

Serveer de lamsbout op verwarmde borden met de aardappeltjes en de groenten ernaast en de saus over het vlees.

Heekfilet met zeekraal en lamsoren, truffelpuree, kruidenolie, trompettes de mort en gambaboter

Ingrediënten

4 heekfilets met vel van ca. 150 g
citroensap
olijfolie
geperste knoflook
zout en peper

Voor de gambaboter
500 g gamba's nr. 4
6 tenen knoflook
1 l tomatensap
1 volle eetl. tomatenpuree
250 g zachte boter
zout en cayennepeper
1 theel. neutrale honing

Voor de kruidenolie
25 g rucola
25 g peterselie
25 g dragon
25 g kervel
2 tenen knoflook
3 dl zonnebloemolie
zout en peper

Voor het garnituur
250 g zeekraal
250 g lamsoren
zout en versgemalen peper
200 g trompettes de mort
truffelpuree (potje)
handje basilicumblaadjes

Bereiden

• Bak voor de gambaboter de gamba's met de gepelde knoflook tot ze mooi oranje zijn. Pureer dit in een blender en doe de puree weer in de pan. Doe het tomatensap en de tomatenpuree erbij en laat het geheel 30 minuten zachtjes sudderen. Zeef de puree en laat hem in circa 10 minuten tot de helft inkoken. Laat afkoelen tot koelkasttemperatuur. Klop de boter met de mixer luchtig, voeg zout, cayennepeper en honing toe en daarna al kloppend langzaam de gambapuree. Proef of er nog zout of peper bij moet. Laat in de koelkast afkoelen tot gebruik.

• Verwarm de oven voor op 225°C/gasovenstand 5.

• Pureer voor de kruidenolie de rucola met de schoongemaakte kruiden en de gepelde knoflook en zout en peper in de keukenmachine. Voeg langzaam terwijl de motor draait de olie toe. Zeef de olie.

• Bestrijk de heekfilets met citroensap, olie en knoflook en bestrooi ze met zout en peper. Leg ze met de velkant naar boven op bakpapier op de bakplaat en bak ze circa 8 minuten in de oven.

• Dompel intussen de zeekraal en de lamsoren afzonderlijk in kokend water; laat ze direct uitlekken en breng op smaak met de kruidenolie en peper. Maak de paddestoelen schoon en bak ze in een beetje kruidenolie om en om. Breng op smaak met zout en peper en meng het gesneden basilicum erdoor.

Serveren Verdeel de zeekraal en de lamsoren op verwarmde borden, sprenkel er wat truffelpuree en kruidenolie omheen. Leg de visfilets op de groente met daarop de paddestoelen. Zet er een quenelle gambaboter op.

Biefstukrolletjes gevuld met waterkers, walnoten, rozemarijn en ansjovisfilets

Ingrediënten

6 lapjes lendebiefstuk van 1/2 cm dik
2 bosjes waterkers
kokend water
zout
200 g gepelde walnoten
2 takjes verse rozemarijn
4 ansjovisfilets
peper
olijfolie

Voor de rode-wijnsaus
1 middelgrote ui
1 teen knoflook
1 stengel bleekselderij
100 g winterwortel
4 dl rode wijn
1 takje tijm
1 takje rozemarijn
enkele takjes peterselie
1 laurierblad
2 dl jus de veau (kalfsjus) of kalfsfond
25 g ijskoude boter
zout en versgemalen peper

Bereiden

• Verwarm de oven voor op 200°C/gasovenstand 4. Leg voor de rode-wijnsaus de ui en knoflook op de bakplaat en pof ze 25 minuten tot ze zacht zijn. Maak de groenten schoon en snijd ze grof. Pel ui en knoflook en doe ze met de overige groenten, de wijn en de kruiden in een pan en breng op hoog vuur aan de kook. Laat de saus trekken en tot de helft inkoken. Zeef de saus en breng hem weer aan de kook met de jus de veau of de fond en laat hem weer tot de helft inkoken. Klop de boter in klontjes door de saus tot hij licht gebonden is. Breng op smaak met zout en peper.

• Blancheer de waterkers in kokend water met zout, giet af en spoel snel koud. Snijd de waterkers grof. Hak de walnoten grof en de rozemarijnnaaldjes fijn, snijd de ansjovisfilets fijn. Vermeng alles en breng op smaak met peper. Verdeel het mengsel over de lapjes vlees; rol deze op en sluit ze met keukengaren of een cocktailprikker.

• Verhit een scheut olijfolie in een koekenpan en bak de gevulde rolletjes rondom bruin; leg ze in een braadslee en zet deze 8 minuten in de oven.

Serveer de rolletjes met de rode-wijnsaus, gebakken aardappeltjes en peultjes.

Boeuf Bourgignon

Ingrediënten

1 kg runderborstlappen
zout en versgemalen peper
100 g bloem
1 wit van prei
1 winterwortel
1 tak bleekselderij
1 grote ui
75 g boter
3 eetl. zonnebloemolie
3 dl droge rode wijn (Côte du Rhône)
4 teentjes knoflook
1 laurierblad
1 theelepel tijm
6 takjes peterselie

Voor het garnituur
150 g mager rookspek
boter
250 g champignons
4 verse tomaten

Bereiden

• Snijd het vlees in grove stukken van circa 100 gram. Bestrooi met zout, peper en bloem. Snijd het preiwit fijn, de geschrapte wortel in ronde schijfjes van 3 mm dikte en hak bleekselderij en ui fijn.

• Verhit 20 gram van de boter met 1 eetlepel van de olie in een braadpan. Bak de stukken vlees rondom bruin. Schep het vlees uit de pan en giet het braadvet weg. Laat het aanbaksel op de panbodem zitten.

• Smelt 20 gram boter en 1 eetlepel olie in dezelfde pan. Doe de prei, wortel, bleekselderij en ui in het hete vet en laat dit circa 5 minuten bakken tot ze zacht zijn. Voeg een eetlepel bloem toe, en meng deze 1 minuut met de groenten. Voeg het vlees en de wijn toe. Meng alles goed met een houten lepel op een halfhoog vuur. Schraap de aanbaksels met behulp van de houten lepel van de panbodem. Voeg zo nodig wat water toe tot het vlees bijna met vocht is bedekt. Leg de knoflook, laurier, tijm en peterselie in de pan en leg het deksel erop. Laat het vlees in de gesloten pan 2 uur zachtjes sudderen.

• Snijd voor het garnituur het spek in blokjes. Blancheer ze 5 minuten in kokend water en giet ze af. Bak ze in een eetlepel boter lichtbruin. Maak de champignons schoon en snijd ze in vieren. Verwarm de laatste 20 gram boter met 1 eetlepel olie in een koekenpan en bak de champignons een paar minuten al omscheppend. Dompel de tomaten kort in kokend water, laat ze schrikken in koud water en ontvel ze. Snijd ze doormidden, verwijder de pitten en snijd het vruchtvlees in grove stukken.

• Voeg na de 2 uur stooftijd, het garnituur aan het vlees toe en laat alles nog 1 1/2 uur sudderen.

Serveer met gekookte aardappelen en bestrooi met fijngehakte peterselie.

Heilbot met Noilly Prat-paprikasaus

Ingrediënten

4 stukken heilbotfilet van 150 g
100 g gerookte heilbotfilet (gesneden)
400 g verse saffraantagliatelle
1-2 teentjes knoflook
250 g wilde spinazie
3 eetl. olijfolie
zout en versgemalen peper

Voor de Noilly Prat-paprikasaus
2 rode paprika's
1 teentje knoflook
2$^{1}/_{2}$ dl witte wijn
2$^{1}/_{2}$ dl Noilly Prat (Franse vermout)
2$^{1}/_{2}$ dl slagroom
1 sjalot, fijngesneden
(eventueel visfumet)

Bereiden

• Verwarm de oven voor op 225°C/gasovenstand 5, of verhit de grill.
• Gril voor de saus de paprika's in de oven of op een grill tot ze zwart zien. Dek ze circa 15 minuten af met plastic. Ontvel ze daarna. Kook de wijn met de Noilly Prat in tot de helft. Voeg de slagroom, de sjalot, de knoflook en de ontvelde paprika's toe en laat dit nog een tijdje inkoken. Pureer de saus met de staafmixer en maak af met zout en peper en eventueel wat visfumet.
• Kook de tagliatelle beetgaar in kokend water met zout volgens de aanwijzingen op het pak. Pel de teentjes knoflook en snijd ze grof. Was de spinazie goed en snijd de dikke stelen eraf.
• Wikkel elke heilbotfilet in een plak gerookte heilbot, even met de pepermolen erover en stoom de vis in circa 8 minuten gaar.
• Verhit de olie in een wok en smoor de knoflook kort; laat hem niet kleuren. Roerbak de spinazie in enkele minuten beetgaar.

Serveer met tagliatelle en de in de knoflookolie gebakken wilde spinazie.

SANDRA

Antipasti La Vallade
Heekfilet met zeekraal en lamsoren, truffelpuree, kruidenolie, trompettes de mort en gambaboter
Chocoladerol met slagroom, aardbeien, aardbeiencoulis en karamelsaus

La Vallade is voor mij een warm bad.

Het ideale menu bestaat helemaal niet. Ik kook met de seizoenen. Als het lente wordt dan word ik helemaal opgewekt van wat ik bij de groenteboer zie liggen. Ik heb ontzettend vaak vis. Dat vind ik zelf zo lekker. Mijn menu is hoe m'n pet staat die dag en wat er op dat moment vers is.

Koken is een passie, iets wat ik moet doen. Ik kan me gewoon niet voorstellen dat ik niet zou koken. Het is een zwaar vak. Lange dagen maar toch iets waar ik energie van krijg. Ik sta al 16 jaar in de keuken en heb nog nooit één dag met tegenzin achter dat fornuis gestaan.

Het eten dat je maakt moet wel in balans zijn, een overeenkomst vormen tussen smaken en consistentie. Er moet niet te veel op je bord liggen. Knapperig tegenover smeuïg, zodat je meerdere sensaties in je mond hebt.

Ik ben zeer visueel ingesteld. Ik vind het belangrijk dat het er goed uitziet. Bij mij is alles rond. Mensen die een paar keer bij mij hebben gegeten kunnen duidelijk mijn stijl herkennen. Ik houd niet van moesjes, prutjes en pureetjes. Ik kook hoog op smaak en laat het product zoveel mogelijk intact. Het ziet er kleurig uit. Over alles wat op het bord hoort heb ik nagedacht.

Ik maak altijd een lijstje, al is 't bieslook hakken tot een heel ingewikkelde fond maken. Alles schrijf ik op en ik weet automatisch waar ik mee moet beginnen.

Ik heb werkdruk nodig. Een natuurlijke stress. Dan ben je veel alerter, scherper. Ik zit altijd op de grens van wat je in je eentje kunt doen. Daarom lijkt het wel eens een zooitje in het vuur en de passie van het koken, waardoor alles een beetje in het rond vliegt. Als je achter jezelf aanhobbelt, er niet inkomt, dan ben je echt kapot. Maar je kunt ook jezelf vooruit zijn, dat noem ik 'swingen in de keuken'. Dan swingt het de pan uit. Je hebt een tempo, het ziet er fantastisch uit, alles lukt. Je bent eigenlijk sneller dan dat de bediening het uitdraagt. Dat is helemaal te gek. Ik maak het mezelf niet makkelijk maar dat vind ik nou juist leuk. Ik wil voor het geld dat de mensen hier betalen er het maximale uitpersen, ook voor mezelf. 's Morgens met je blanco velletje: 'Nou, wat zal ik vandaag weer eens maken'?

Eten is een momentopname. Je begint iedere keer weer opnieuw. Zo mooi mogelijk, zo lekker mogelijk... en dan is 't weg.

Lamsschenkel à la grecque met een koriatiki-pastaschotel

Ingrediënten
4 hele lamsschenkels
4 eetl. olijfolie
1 ui
2 teentjes knoflook
1/2 l witte wijn
zout en peper
3 takjes verse tijm
3 takjes verse rozemarijn

Voor de groentepastaschotel
1 aubergine
zout
1 ui
2 teentjes knoflook
2 rode paprika's
250 g tomaten
200 g koriatiki-pasta (pasta in de vorm van rijstkorrels, bij Turkse en Marokkaanse winkels te koop)
1 l kokend water
6 eetl. olijfolie
1 eetl. paprikapoeder
snufje cayennepeper
1 eetl. tomatenpuree
verse oregano, basilicum en peterselie voor de garnering

Bereiden

• Verhit de olie in een braadpan en bak de schenkels rondom tot ze donker kleuren. Pel en snipper intussen de ui en de knoflook, bak ze zachtjes met de schenkels mee en voeg de verwarmde wijn toe; laat alles enkele minuten sudderen. Giet er zoveel heet water bij dat de schenkels bijna onder staan, voeg zout en peper en tijm en rozemarijn toe. Laat ze 1-1 1/2 uur sudderen tot het vlees gaar is.

• Snijd voor de pastaschotel de aubergine in lange repen, doe ze in een kom en bestrooi ze met zout; laat ze 10 minuten staan. Spoel ze af en dep ze droog met keukenpapier. Pel de ui en de knoflook, was de paprika's, snijd ze doormidden en verwijder de zaadlijsten. Dompel de tomaten 30 seconden in kokend water, laat ze schrikken in koud water en ontvel ze. Snijd alle voorbereide groenten in blokjes. Kook de koriatikipasta 4-5 minuten in 1 liter kokend water met wat zout. Giet ze af in een zeef en laat ze afkoelen (eventueel onder koud stromend water).

• Verwarm de olie in een diepe pan en bak de aubergineblokjes op hoog vuur goudbruin. Schep ze uit de olie en zet ze apart. Bak in dezelfde olie de paprika, schep ze eruit en zet ze apart. Voeg eventueel nog wat olie toe en bak ui en knoflook goudbruin, bestrooi ze met paprikapoeder en cayennepeper en bak ook de tomatenpuree even mee. Voeg de tomatenblokjes en zout naar smaak toe en laat 10 minuten pruttelen; roer regelmatig. Voeg ook de aubergine en paprika toe en de pasta met een beetje van de lamsbouillon van de schenkels. Roer dit alles 5-10 minuten tot de pasta gaar is. De substantie van het gerecht moet zijn als risotto.

• Bestrijk de schenkels met olie en laat ze in een op 200°C/gasovenstand 4 verwarmde oven in 5-10 minuten een knapperig korstje krijgen.

Serveren Schep een flinke lepel van de groentepasta op de borden. Leg er een schenkel op en bestrooi het geheel met de verse kruiden.

Kwartel met een ricotta-pancettavulling en venkel en een olijvendressing

Ingrediënten
4 kwartels, zonder ingewanden
zout en versgemalen peper
1/2 eetl. olijfolie
1/2 eetl. boter
20 blaadjes salie
50 g blanke amandelen

Voor de vulling
2 uien
4 teentjes knoflook
5 plakjes pancetta
1/2 eetl. olijfolie
1/2 eetl. boter
verse tijm
2 sneetjes wittebrood
400 g ricotta

Voor de venkeldressing
1 stronkje venkel
4 eetl. groene olijven zonder pit
4 eetl. zwarte olijven zonder pit
2 eetl. oregano
1/2 dl olijfolie extra vergine
1/2 dl sansa di oliva (gewone olijfolie)
zwarte peper
1 eetl. witte-wijnazijn

Bereiden

• Pel voor de vulling uien en knoflook en snijd ze fijn. Snijd het spek in dobbelsteentjes. Verhit de olijfolie en de boter in een pan en smoor hierin ui en knoflook aan. Voeg de pancetta toe en bak deze licht krokant, meng de tijm erdoor en laat deze vulling afkoelen. Snijd het brood in blokjes en meng deze met de ricotta door de vulling. Vul de kwartels hiermee.

• Verwarm de oven op 200°C/gasovenstand 4. Zout en peper de kwartels, braad ze aan in de olijfolie en de boter en leg ze in de oven; braad ze in circa 20 minuten gaar en bedruip ze af en toe met het braadvet. Draai de oven laag en laat ze circa 15 minuten rusten.

• Snijd voor de venkeldressing de venkel in grove dobbelsteentjes en blancheer ze in kokend water met zout beetgaar. Hak de olijven grof en meng ze met de venkel. Snijd de oregano fijn. Voeg olie, peper en azijn aan de dressing toe en meng de oregano erdoor.

• Frituur de salie kort, rooster de amandelen.

Serveren Leg op elk bord een kwartel, verdeel de dressing erover en strooi de salie en amandelen over het bord.

Gedicht voor La Vallade door Humphry

Voor La Vallade, vijf jaar lang
Met Franse slag en Frans behang
Verwarmd terras al van nature
Tevreden klanten, foute buren
En rock-'n-roll en opera
En soms een wormpje in de sla
Maar al het eten altijd op
In La Douce France in notedop

Voor La Vallade, vijf jaar lang
Met Franse slag en Frans behang
Maar reserveren altijd vol
Want zoveel klanten eist een tol
dus vega's harder aangepakt
wordt zonder vlees toch nog gehakt
een grote groep kan nooit wat zijn
want groot en dik doet altijd pijn
en waterdrinkers eviannen
alleen nog wijn en bier en pannen
want zoveel klanten eist zijn tol
en ach, we komen toch wel vol

Voor La Vallade, vijf jaar lang
Met Franse slag en Frans behang
Met regelneven, wijze nichten
Grote monden en gedichten
Met mooie meiden die bedienen
En koks die eeuwig roem verdienen
Met praten over toekomstplannen
En Camel Trophy voor de mannen
Met dertig man toch altijd gein
En dertig man toch op één lijn
En soms in Frankrijk uit de bol
Daarom is het dus altijd vol

We doen het nog eens, vijf jaar lang
Met Franse slag en Frans behang
Met hart en ziel en altijd lol
En La Vallade altijd vol

Kaas

Ingrediënten : 9 vertellers, 9 citaten, 2 koks

10 Un homme et une femme (De filmavonden)

TOM Stilstand is achteruitgang. Constant veranderen is goed. Je hoeft niet groot te veranderen. Je doet het voor de gasten, voor de sfeer, voor de mensen die er werken en die zien dat er iets gebeurt. Nieuw vloertje, nieuw kastje, maakt niet uit, bezig... bezig. De bal moet rollen. Je kunt die oude koe niet blijven uitmelken. Daarin was ik wel de motor. Dat deed ik bewust voor het personeel. Het is ontzettend saai als je elke dag ergens werkt en het is elke dag hetzelfde. De maandagen waren gigantisch stil. Iedereen had leuke ideeën en die kun je niet kwijt op 'n weekendavond.

JEAN-LUC Tom had een paar cultfilms gezien, 'Un homme et une femme' en 'Cinema paradiso'. Zo kwamen we op het idee op maandag filmavonden te houden, 'Soiree diner cinema' zou Tom het noemen. De entreeprijs stond in Franse francs op de uitnodigingen. Je kreeg een 6-gangenmenu, gratis drinken. Champagne en oesters bij binnenkomst. Veel werk voor de keuken, maar iedereen was enthousiast. Er werd een klein doek achter opgesteld en een oude, ratelende 16 mm-projector. Het eten was goed, de sfeer bijzonder. Het was een combinatie van 'soiree diner cinema' met 'tables d'hôte'. Twee grote tafels. En iedereen naast elkaar, geen gedoe, net als een Franse routier. Dan ontstaat er iets of niet. Maar als je niet te gesloten bent kun je er een superavond van maken. Het werd elke keer een feest. De tweede film, toen het bij de mensen bekend was geworden, was 'Un homme et une femme vingt ans plus tard'. Met dezelfde acteurs 20 jaar later. Met flashbacks van de eerste film.

TOM Het was een gigantisch vol programma. In het niet-roken gedeelte. Grappig trouwens, het niet-roken werd in Frankrijk op 1 oktober verplicht; op precies dezelfde dag hebben wij dat in La Vallade ingevoerd.

Het zaaltje was helemaal bioscoop met kaartjes, enz., leuk, leuk, leuk. Iedereen doodstil. En dan diner en daarna deel twee. Dat soort avonden maakten indruk op de mensen. Maar het ging om maximaal dertig mensen. Een mooi maal, een goede wijn, Sancerre, de huur van de films, scherm, enz., dat schoot niet op natuurlijk. Op een gegeven moment ben ik naar buiten gegaan met de films en projecteerde ze op de muren aan de overkant. Dan kondigde je de film aan en had je een drukke avond. Gasten konden blijven voor de film. Of passanten die dachten, 'wat is dit?'. Je moest wel films uitzoeken die je niet te strak hoefde te volgen omdat je er 'onderbroken' naar keek. We draaiden bijvoorbeeld Cinema Paradiso, waarin op een muur aan het dorpsplein wordt geprojecteerd. Daar kwam onweer met regen in voor en tegelijkertijd gebeurde dat ook bij ons.

ANNEMARIE Dan stond Tom te glunderen.

11 Asados (Argentijnse nacht)

JEAN-LUC Ik had vrienden uit Buenos Aires die in Amsterdam waren. Antonio en Mariano. Mariano was arts, een mafkees. Op een feest heb ik die Argentijnen aan Tom voorgesteld.

FIONA Dat soort mensen trok Tom. Het extreme.

JEAN-LUC Daar hebben ze een cultuur van vlees eten. Veel gegrild, 'Asados'. Ze vonden het te gek dat Tom een restaurant had en stelden voor om voor hem te komen koken. Tom reageerde met, 'O ja, leuk, maken we er een Argentijnse avond van, Tango Night'. Het begon dus als een soort grap. Er werd besloten er een feestje van te maken. Tom liet dat soort dingen dan ook meteen over aan degenen die het moesten doen. Zo van, 'Je doet het, en doe het maar op je eigen manier. Carte blanche.'

Die Argentijnen hadden een grote grill nodig dus zijn we gaan zoeken op sloperijen. We hadden een stel grote wielen gevonden. Ze hebben het op straat klaargemaakt. Een gigantisch vuur zoals dat hoort in Argentinië (niet in de stad natuurlijk).

LEJO Ik heb Tom en Pauline vaak vergeleken met een zigeunerfamilie en op zo'n avond werd vaak wel duidelijk dat dat klopte.

FIONA Enorme stukken vlees en heel veel wijn. Een heftig vuur, de tegels sprongen uit elkaar.

TOM Die Argentijnen maakten een vuur van drie vierkante meter. Het hele terras smolt weg. Dat de brandweer niet kwam is een wonder.

JEAN-LUC Alles was onder de rook. Als er dingen op tafel werden geserveerd kon je het bord niet zien door de rook. Alles zwartgeblakerd.

TOM Maar het ging allemaal net goed. Toen het vuur eenmaal zo hoog brandde zou,

La Vallade

denk ik, van de 100 restaurantbaasjes er meer dan de helft opgesprongen zijn met 'Jongens, dat kan niet... uit... uit! Dat kan niet!'

JEAN-LUC Er waren ook mensen die hier kwamen en niet voorbereid waren op de sfeer en niet soepel genoeg waren. Die waren gewoon gekomen om een menuutje te eten en flipten. Maar dat vond Tom nou juist leuk, dat onverwachte, spontane.

TOM Ik dacht, we zijn nu eenmaal hier, terug is niet mogelijk. Gewoon maar lekker doorgaan, het helpt toch niks meer. Die mannen waren niet te stoppen. Ze stonden trouwens zestig kilo vlees te grillen, dus ze hadden wel een vuurtje nodig. 60 kilo!... voor 50 mensen, dat was apart.

JEAN-LUC De politie kwam natuurlijk wel kijken, want de vlammen sloegen boven de huizen uit.

TOM Het was helemaal uit de hand gelopen. Twee gesjeesde Argentijnen die een pond hasj en negen liter wijn ophadden. Die stonden daar als twee zombies te werken.

LEJO Volgens mij heeft iedereen daar rauw vlees zitten eten en dat was ook helemaal niet lekker. Maar het hele sfeertje was zo fantastisch, het was zo ongewoon en daar heeft Tom altijd mee gescoord.

12 La Vallade, Frankrijk (De uitjes)

PAULINE We wilden wat leuks terugdoen voor de mensen die ons hielpen. Zo begonnen de uitjes met het personeel. Onze boerderij in La Vallade ligt een halve kilometer van Dordogne af, 35 km van Angoulême en 60 van Limoges. Een groene omgeving. Pinot rouge/blanc, een dessertwijn uit de streek. Ook de Limousin koeien zijn in de buurt. De jongeren daar zijn allemaal naar de grote stad vertrokken na hard werken van de ouders, die de omgeving zagen leeglopen.

LEJO Ik denk dat Tom niet eens met het effect in zijn achterhoofd heeft gezeten zo van: als ik dat doe dan wordt het zo'n hechte club die alles voor mij doet. Maar dat was wel het effect van de uitjes.

TOM Als we weg waren werd er verschrik-

kelijk geschraapt in het klantenbestand en de kennissenkring om de zaak vol te krijgen. De mensen die het laatst erbij waren gekomen konden niet mee... die moesten werken. Je moest toch iemand hebben die zo ongeveer wist hoe het moest.

FIONA Dan kwam er een onbekende kok en vroeg ik vriendinnen om in de bediening te komen helpen. Aan de gasten vertelden ze dan dat het personeel weg was en boden hun dan een lekkere fles wijn aan. Ze waarschuwden hen dat het misschien niet zo soepel zou verlopen. Maar het ging altijd hartstikke goed.

JUR De avond voor vertrek eten in La Vallade Amsterdam, en veel drinken. Iedereen redelijk aangeschoten en met nog meer flessen bij zich dan de bus in. Je ging met pa naar Frankrijk waar ma zat te wachten met het ontbijt. Je wist dat het ging gebeuren, spannend, we komen er zo aan, omhelzingen en dan aan het ontbijt. Tom reed dan stoïcijns, echt professioneel, zonder slapen in één ruk door naar La Vallade in Frankrijk. Alleen stoppen om te tanken, snel plassen.

TOM Vijftien personen en een plastic stoel in het gangpad van het busje. Ze noemden me Tom 'de rots' achter het stuur. Dan voelde ik me trots.

JEAN-LUC We waren nog niet eens bij de Belgische grens of de meesten waren al dronken. Er moest heel veel gestopt worden om even te kotsen en te plassen.

FRANK Vijftig km voor aankomst stapten we uit en deden boodschappen met de hele groep. We voelden ons allemaal één met de geest van de omgeving. We voelden ons Frans!

JEAN-LUC Eindelijk kwamen we vroeg in de ochtend in La Vallade aan.

JUR Iedereen was dan brak, alleen Tom bleef overeind en dan gingen we een ontbijtje maken, iedereen z'n spulletjes bij z'n bedje. Het was echt zo'n zomerkampgevoel.

ANNEMARIE De plek was geweldig. Mooie, oude vervallen boerderij. Het was meteen goed.

FRANK De rode loper werd voor ons uitgerold. We hoefden niets te betalen. Ik herinner me nog een grote lange tafel buiten. We kwamen aan met onze paté, jambon, fromage, pain, charcuterie.

MARCELA En champagne. Fantastisch!

FRANK En daar waren we dan, ons als Fransen gedragend. Ons persoonlijk leven in Amsterdam was afwezig.

FIONA De hele dag wijn en bier drinken. Zo kwamen we de dagen door. Veel gelachen en gedold.

JUR Er kwam natuurlijk ook dat fysieke bij, de onderlinge relaties, die ontstonden in de wetenschap dat we straks terug in Nederland zouden zijn en weer met elkaar moesten werken.

PAULINE De slakken werden 's ochtends gezocht, drie dagen in een stenen pot met zout gestopt en dan klaargemaakt. Ze werden wel klaargemaakt maar niemand at ze. De koks gingen altijd paddestoelen zoeken. Vooral Frank, hallucinerende paddestoelen. Cantharellen, pieds de mouton.

TOM Wij zoekend naar paddestoelen, kastanjes en onszelf en Frank de ongekroonde 'roi' van het bos weer met alle aardse schatten aan de haal. We hadden dus weer iets te vieren en langs de weg stond een verleidelijk bord 'Boissons Chez Lou Lou'. Het bleek een Parisienne die toch al wel weer wat jaartjes terug vanuit de grote stad op het platteland wou gaan rentenieren. Zij schaterlachend om

Franks bescheiden kastanjeoogst, en hem aan de hand meenemend om hem haar oogst te laten zien. Wij in koor, 'Frank, where are you going?' Hij stelde ons gerust met de tekst, 'It's alright, she's just going to show me her chestnuts' en volgde haar de trap op.

FRANK We kookten samen, aten samen en discussieerden tot diep in de nacht. Het was aards, eerlijk. De tijd en plek... alles kwam samen. Het was uniek.

ANNEMARIE Ze hadden net hun badkamer verbouwd. Een bad op pootjes, en ik ben een badfanaat dus vroeg ik, 'Mag ik straks in bad?' 'Nee', zei Pauline 'want je mag alleen in bad met champagne en we hebben geen champagne in huis'. We gingen daarna buitenshuis van alles ondernemen, fietsen en zo. Toen we terugkwamen zei Pauline, 'Je mag toch in bad' en ze kwam met heel veel badschuim. Ik dus heerlijk in dat bad vol schuim en toen ging ineens de deur open en iedereen kwam naar binnen, Tom had een magnum champagne bij zich en een groot zwaard en hakte de top eraf. Ik zat dus in het bad met champagne.

LEJO Tom was iets aan het afschaven. Een eiken balk voor het huis. Hij bedacht opeens, omdat hij van wijn en van hout houdt, hoe het zou zijn als hij een snipper eikenhout in een glas wijn zou hangen. Inderdaad de eikensmaak bleef aanwezig. In die drie dagen hebben wij wijn met houtsnippers gedronken. We hebben een zak vol meegenomen naar Nederland en maandenlang tegenover onze klanten volgehouden dat het een lokaal gebruik was om in de huiswijn een houtkrul te hangen.

Een uitleg en een verhaal die nergens op sloegen. Niemand doet dat in Frankrijk. Maar de mensen vonden het prachtig zo'n mooie krul over hun glas en het smaakte inderdaad naar hout.

Of het nou zo gezond is geweest...?

JUR 's Avonds luisteren naar hippietijdachtige platen op een oude pick-up voor de open haard lullen, de ene fles na de andere open. Dat ging zo door tot 's ochtends vroeg.

JEAN-LUC Iedereen ging z'n gang overdag en 's avonds gingen we uit eten in restaurants in de omgeving, door Tom en Pauline vooraf gereserveerd.

JUR Dat uit eten was waanzinnig geweldig. Dan kon het gewoon niet op. Dan waren Tom en Pauline zo gul.

ANNEMARIE Allemaal plateaus zelfgemaakte jonge geitenkaasjes. Als hoofdge-

recht eendenborsten op een grote schaal met de aardappels eronder in eendenvet.

JUR Die restaurants hadden precies hetzelfde sfeertje als hier in La Vallade. Gewoon familiebedrijfjes. Man, vrouw, kind. Man kookt, vrouw doet de bar, kind de wc's. Dat gevoel.

De woonkamer boven is behangen en met wat we nog over hadden daar deden we het voorkamertje mee. Het achterkamertje dat we nu hebben behangen met dat bloemenbehang, dat doen we dan ook bij de bar. Dat is het eigenlijk in Frankrijk. Als je in een restaurant eet heb je voor 40 francs een 5-gangen menu, wat waanzinnig is eigenlijk. Dan had Tom in zijn gebied in Frankrijk een aantal fantastische restaurants uitgezocht. Je kon ook zien dat zoals hij daar bezig was, dat ook in Amsterdam deed. Bij elke gang een andere wijn, daarna lekker cognac en armagnac en calvados. Daarna nog een beetje 'poolen' en de rest ging nog even uit naar zo'n ouderwetse Franse discotheek. Zo'n boerendisco. In het plaatselijk café hangen de affiches 'déjà la fète de discotheque'. In eerste instantie dacht je, 'nou, er is niemand... staan we hier met z'n twintigen. Alleen maar die lullige lampen die aan het flikkeren zijn, met een d.j. die dacht dat hij de beste in de wereld was en een meisje dat bij de plaatselijke bakker werkt en zijn vriendin is, omdat hij d.j. is'. Dan kwamen wij natuurlijk heel laat thuis.

LEJO Het was niet alleen een beloning maar ook een soort studiereis. Dan zat hij je aan te stoten van, 'Kijk, kijk dat doen wij ook' of 'daar moeten wij ook op letten'. De gangen, de kazen. Hoe zo'n kok omgaat met z'n gasten, de keuken uit komt. We waren in een heel leuk restaurant in het dorp en daar stond een heel rondborstige kok. Op een gegeven moment mochten we de keuken in en zagen zo'n kachel waar hij allemaal pannen op had. Dat werkte heel inspirerend. Zo van, 'Oké, dat is dan La Vallade, zo moeten we het dus doen'. Eenmaal terug was je weer een jaar helemaal geïnspireerd om de formule vol te houden. Als gasten bijvoorbeeld zouden zeggen, 'Ja, maar we houden helemaal niet van vis', dan konden wij zeggen, 'Hier houdt u wel van'. En dan aten ze het ook. Jean-Luc heeft mensen die hun leven lang vegetarisch waren aan het vlees gekregen omdat hij vanuit zijn 'zen'-achtergrond dan zei, 'Eén keer vlees eten is helemaal niet zo erg'. Ze aten vlees.

FRANK

Paté de foies de volailles,
sauce Cumberland
Boeuf bourgignon
Tarte aux noix

La Vallade is voor mij: Een intiem charmant plekje. Het is iets wat je niet in Amsterdam verwacht. Het is zo onstads.

Ik ben een traditionele kok. Ik houd niet zo van fusion, maar heb meer respect voor het simpele.

Mijn menu begint met een leverpaté. In de bergen in Frankrijk hebben vrienden van mij een huis in de rotsen gebouwd. Bij de doop van hun baby hadden zij een vriendin die voor hen kookte. Die leverpaté werd daar gemaakt. Het was zo lekker dat ik het recept vroeg en mee terugnam naar La Vallade. Ik heb er veel van gemaakt.
Hoofdgerecht is Boeuf bourgignon. Als ik kook houd ik van dit soort gerechten, als je er de tijd, geduld en passie voor hebt. Je hoeft zo'n recept niet exact te volgen om er toch een succesvol hoofdgerecht van te maken. Het is misschien niet een indrukwekkend gerecht, maar het is wel een echt, authentiek boerengerecht waarop mijn kookgeest is gebaseerd.

Op zaterdagen ging ik uit met mijn opa; zwemmen, naar het park. Dan gingen we samen lunchen in een joodse deli waar we lekkere boterhammen aten. Ik verheugde me op die uitjes met m'n opa vanwege de lunch. Ik was gek op gerookte zalm. Nu is het mijn werk geworden, het roken van vis en vlees.

Baltimore is een kuststad in Amerika. Krab is daar de specialiteit. De meeste softshell crabs komen uit die omgeving. Er zijn daar veel krab-restaurants. Een grote hal waar lange tafels staan bedekt met kranten. Je bestelt krab per dozijn en die worden dan voor je neus gestort in een grote berg met daarnaast een grote kan bier. Je krijgt een hamer en een mes en gaat aan het werk. Dit zou in Europa niet kunnen.

In 1983 verliet ik Baltimore als ingenieur om naar Parijs te gaan voor een vakantie in Europa. Terwijl ik in Parijs was nam ik kooklessen bij de 'cordon bleu school'. Ik belde naar Amerika en zei dat ik niet meer terugkwam. Na het behalen van mijn diploma werkte ik in diverse restaurants, bistro's, film catering en de Amerikaanse ambassade in Parijs. Een van de diplomaten verhuisde naar Amsterdam en ik ging op zijn verzoek mee als zijn persoonlijke kok.
Zo ben ik in Amsterdam terechtgekomen.

TOM

Saté van tonijn met spaghetti nero, rucolasalade en een uiensaus
Lamsbout uit de oven met een honing-tijmsaus, aardappeltjes uit de oven en geroerbakte groenten (gigot de présalé roti)
Terrine aux fruits rouges met mangosaus

La Vallade zou ik kunnen omschrijven als het leukste restaurant vlak naast de camping.

Groot vlees vind ik leuk om te doen. Ook kook ik graag wat je 'crisis cooking' zou kunnen noemen. In minimale tijd met minimale ingrediënten toch iets leuks op tafel weten te zetten. Iets wat verrassend kan zijn en waar zelfs een nieuw gerecht uit geboren zou kunnen worden.
Ik houd er niet van als er te veel met het eten gewrocht wordt. Leuke figuurtjes snijden en eroverheen snipperen. Je weet nu eenmaal dat mensen in de keuken aan je eten zitten. Als iemand aan je bord heeft zitten wroeten vind ik dat wat minder. Het mag van mij wel wat puurder, ruwer worden neergelegd. Ik vind het ook niet nodig dat elk bord er hetzelfde uitziet.

Voor mij is eten een gezellig samenzijn met vrienden; een leuke avond met mooie wijn erbij. Een echt leuke avond betekent: een paar dagen daarna napraten en een fantastische avond hebben gehad maar eigenlijk niet haarscherp meer weten wat je hebt gegeten. Dat betekent dat de gerechten een perfecte begeleiding waren voor het gezelschap. Het eten is een deel van de avond; als je precies weet wat je gegeten hebt vind ik dat je je aandacht niet bij het gezelschap had.

Ik kan me drie keer uit eten gaan herinneren, waar het eten verschrikkelijk was, maar wat toch een van de leukste avonden was. Als je in het juiste gezelschap bent hoeft dat de avond niet te bederven. Oké, je hebt niet goed gegeten, maar je hebt geen slechte avond gehad. Voorbeeld: we gingen in Frankrijk naar een klein restaurantje. Er komt een man aan de deur die de eigenaar, kok en ober bleek te zijn. Volledig dronken zegt ie, 'Geen probleem, jullie kunnen eten'. We wilden wat kiezen van de menukaart, maar hij dwong ons gewoon naar bepaalde gerechten, waarschijnlijk het enige wat hij had. We waren nog aan het voorgerecht bezig, dat had hij niet door, toen plaatste hij het bord met het hoofdgerecht IN ons voorgerecht. We kijken elkaar aan, maar hij was niet aanspreekbaar, dus hebben we het bord een beetje opgetild en het eten eraf geveegd en aan de kant gezet. Wij gierend van de slappe lach gewoon doorgegeten. Later komen we met die man in gesprek. Bleek het een Engelsman te zijn die een restaurant was begonnen in Frankrijk. Dit was zijn jeugddroom. Maar die droom was volledig mislukt. Het liep niet. En hij wilde weer terug naar Engeland. Hij zat vast in de 'money trap'. Z'n restaurant was te koop maar niemand wilde het. Als het niet verkocht werd kon hij zijn hypotheek bij de bank niet aflossen, dus kon hij niet weg. Hij was een gevangene van zijn jeugddroom geworden.

Wij dronken nog een portje bij hem thuis naast het restaurant. We gaan een gordijn door en komen in een volledige Engelse bibliotheek terecht. Alles was er Engelser dan Engels. Ik denk er nog vaak aan terug. Het eten was correct, maar daar ging je niet voor. Het is een herinnering, die ik niet zal vergeten. De mens achter het recept. Ik accepteer elk recept van hem omdat ik de man nu ken.

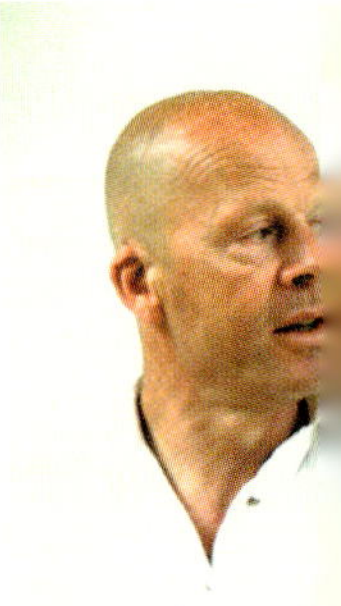

Eten is natuurlijk een persoonlijke ervaring. Serveer vier mensen hetzelfde nagerecht, de perfecte chocoladetaart. Krijg je waarschijnlijk vier verschillende meningen. De een heeft zoete jeugdherinneringen aan chocolade, de ander is er allergisch voor, de derde denkt aan de calorieën en de vierde aan de vorige avond toen hij z'n geliefde een doos chocola gaf.

Kunst, uiteindelijk, is niet meer dan de reden en het effect van het afstellen van de zinnen, of het nu kijken, horen of aanraken is. Waarom dan smaak geen plek geven in de genese en triomf van de kunst?

Deze kunst heeft z'n eigen plek tussen de andere kunstvormen - schilderen, literatuur, of muziek - in zoverre dat z'n affiniteit met de natuur intens en direct is. Het heeft ook het voordeel dat het een populaire kunst is, gedeeld door een groot aantal deelnemers.

Eten is theater.

Een goede kok heeft visie.

Er worden blijkbaar zes zinnen beroerd. En de uiteindelijke uitspraak van de gast zou zijn: 'Het leven is heerlijk'.

De kunst oftewel magie die betrokken is bij voedsel ligt niet zozeer in de bereiding, maar in het samen eten. Al denken de critici of wij dat het de grootste creatie aller tijden is, overeindstaan blijft dat als de gast niet blij is, wij hebben gefaald. Ik denk dat een 'artiest' niet zo kan falen.

Ik denk dat het wiel niet opnieuw hoeft te worden uitgevonden om creatief of artistiek te zijn. Soms hebben artiesten een zeer beperkt palet. Je pakt het, je bepaalt je bereik, je pakt wat je interesseert – en kookt dan met 100% vanuit je hart.

Hoe je het succes van een chef afmeet? Nou, ja, heb je ze in de maag geraakt? Heb je hun hart beroerd? En het belangrijkste van alles, heb je ze in de mond beroerd? Dat zijn de doelstellingen.

Citaten: de Pomaine, Curnonsky, Beard, Schlesinger, Goldstein, Dornenburg & Page

Nagerech

Ingrediënt

vertellers, 2 koks, 11 recepten, 1 register, 1 dankwoord

13 Een beetje bloemetjesbehang

LEJO Ik heb altijd gezegd, 'Er bestaat geen restaurant in Frankrijk zoals La Vallade. Het is een mythe dat wij denken dat dit Frans is. Het is helemaal niet Frans'.

FRANK Een klein beetje, niet echt. Ik herinner me de groep van de Berlitzschool, die kwam eten omdat een Franse docent terugging naar Frankrijk. Het werd een afscheidsfeest in La Vallade. Vijftien docenten van Berlitz zaten te eten en op een bepaald moment stond de directeur van de school op en zei, 'We hebben u hier uitgenodigd omdat La Vallade door de ANWB wordt aangegeven als het meest Fransachtige restaurant in Noord-Holland. Zij zeiden dat als ze in La Vallade waren ze het gevoel hadden niet meer in Nederland te zijn maar in Frankrijk. De Fransman stond op, bedankte iedereen en zei ''Moi je suis là maintenant dans cette restaurant et je sais je suis en Hollande, je ne suis pas en France.' Hij vond het een heel leuk plekje maar het was zeker niet Frankrijk voor hem. Daarom verliet hij Holland ook, hij had heimwee naar Frankrijk.

Als ik naar La Vallade ga heb ik eveneens niet het gevoel dat ik in Frankrijk ben, maar ook niet dat ik in Nederland ben. Het heeft iets speciaals. Ik ben er meerdere malen geweest met Franse vrienden. Die hadden er altijd een geweldige avond. Het was inspirerend om er dan te koken.

Het heeft geloof ik te maken met het aardse, natuurlijke sfeertje. Het is in La Vallade geen probleem als je iemand vanaf de verkeerde kant serveert, terwijl je in de meeste restaurants in Amsterdam per se van de goede kant moet serveren, omdat het op school zo is geleerd. In Frankrijk bekijken ze de situatie en doen wat in de gegeven omstandigheid het beste is.

Er is een soort spontaniteit en improvisatie, die de sfeer ongedwongen maakt. Dat was Toms inbreng en die gaf hij door aan zijn werknemers.

LEJO Het is helemaal Frankrijk niet. Het gevoel dat de mensen krijgen als ze hier binnenkomen is: zo ziet je hotelkamer in Frankrijk eruit. Behangen plafond. Zoals het hier gebeurt is iets eigens. Ik vind het wel grappig dat iedereen het idee overhoudt van 'Ik ben een avond in Frankrijk geweest'.

JEAN-LUC Dat blauw. Op het platteland vind je ook dat behang. De gemoedelijkheid

van een restaurant in een klein dorp in Frankrijk. Het is ook een soort theater. Vanaf zes uur gaan de kaarsen aan, dan wordt het hier iets anders. Ik blijf het als een theater zien. Het is een decor. Als je het niet in de juiste belichting bekijkt zie je dat er meerdere dingen niet kloppen.

TOM Als je heel kritisch bent en naar La Vallade kijkt dan is er eigenlijk niks moois aan.

Het is eigenlijk een zooitje. De enige mooie objecten zijn het koffiezetapparaat en de kachel. Daar kun je echt op koken. Zet de borden erop om warm te houden, haal er ringen uit en je zet de soep erop. Maar niemand is het met je eens. Als men in La Vallade gegeten heeft zegt men, 'O, het is zo mooi'. Maar wat is er mooi dan? Een beetje bloemetjesbehang hier en daar? Het is de sfeer!

14 Koffie

TOM De laatste indruk vind ik heel belangrijk. Daarom zat ik te hameren op koffie. Je eet ergens perfect en krijgt heel slechte koffie. Dan is het, 'Hè, jammer, we hadden beter thuis kunnen eten'.

Als je ze midden in de nacht wakker zou maken en vragen over zo'n restaurant dan denken ze meteen aan die rotkoffie, terwijl ze hartstikke lekker hebben gegeten. Dat zet zo'n hele avond onbewust in mineur. De koffie moet goed zijn. Dan zit je lekker na te babbelen en voor je weet ben je weer aan de wijn of 'n biertje. Omdat die twee koffies zo goed waren.

15 Stalletje (Wat is er van iedereen geworden)

BILL In dat 'stalletje' daar werkten op een gegeven moment toch dertig mensen, die allemaal een eigen richting uit zijn gegaan, zei Jur tegen me. Tja, wat is er geworden van onze hoofdrolspelers? Zijn ze goed terechtgekomen? Werken ze nog in La Vallade of zijn ze hun eigen weg gegaan?

Pauline is nog steeds eigenares en haar dochter Tara bedrijfsleider. Tom is samen met Ravir, die ooit in La Vallade werkte, een nieuw restaurant begonnen in Amsterdam, 'Gare de l'Est.' Hun dochter Mandy heeft met Lilian, een van de oudste personeelsleden, het eetcafé Wilhelmina. Jason, de oudste zoon, zit in de filmwereld, en de jongste dochter, Bo, is net klaar met haar studie.

Frank rookt vis en vlees in zijn eigen 'Franks Smokehouse' voor onder meer de sterren-restaurants van Nederland, Lejo is met kokkin Annemarie het restaurant 'District Vijf' in Amsterdam begonnen, en Fiona het eetcafé 'Lokaal 4'. Het personeel werkt nu als architect, kunstschilder of actrice. Onze Jur zit ook in de filmwereld en Dejan reist nog steeds de wereld af. Als hij in Nederland is kookt hij in de voornoemde restaurants. Marcela leeft nu een groot deel van het jaar in Tsjechië. Allen zijn wat je noemt goed terechtgekomen en komen nog regelmatig langs bij 'het ouderlijk huis', La Vallade.

Er werkt ondertussen een nieuwe generatie koks zoals Sandra, Pieter, Mor en Marco die nu achter het fornuis staan. Zij houden de geest van La Vallade levend en zorgen ervoor dat ik er nog steeds graag kom voor een goed maal en een inspirerend gesprek.

Semifredo di balsamico met appeltempura

Ingrediënten
$2^1/_2$ dl balsamicoazijn
1 vanillestokje
$1^1/_4$ dl water
250 g fijne kristalsuiker
15 g boter
7 eidooiers
5 dl slagroom

Voor de appeltempura
tempurabeslag
1 elstar appel
olie om te frituren
poedersuiker

Bereiden
• Kook de balsamico met het gespleten vanillestokje in tot de helft. Breng het water met de suiker aan de kook en laat het zachtjes koken tot de suiker is opgelost. Roer dit door de balsamico en verwijder het vanillestokje. Klop de boter met een garde door het warme mengsel tot deze is opgenomen. Laat deze compositie afkoelen.
• Klop de eidooiers au bain marie op met 3 eetlepels balsamicosiroop tot het mengsel net stevig is. Laat het afkoelen. Klop de slagroom lobbig en voeg de volledig koude balsamicosiroop geleidelijk al kloppend toe. Doe het in een bakje en laat het circa 2 uur invriezen.
• Maak een tempurabeslag volgens de aanwijzingen op het pak. Schil de appel, steek het klokhuis eruit en snijd de appel in schijven. Verhit de olie in een frituurpan tot 175°C. Wentel de appelschijven door het beslag en frituur ze goudbruin; laat ze op keukenpapier uitlekken.
Serveren Schep een stuk balsamicoparfait op elk bord. Bestrooi de appelschijven met poedersuiker en leg er een naast de parfait.

Amandelcakejes met dadels, kardemomsiroop en kaneelroom

Ingrediënten voor 6 personen
boter om in te vetten
6 grote verse dadels
80 g blanke amandelen
90 g boter
80 g basterdsuiker
80 g bloem
1 eetl. fijngeraspte citroenschil
3 eiwitten

Voor de kardemomsiroop
2 eetl. kardemompeulen
1 dl water
100 g bruine basterdsuiker
1 kaneelstokje

Voor de kaneelroom
2 dl slagroom
1 eetl. vanillesuiker
1 theel. kaneel
blaadjes munt

Bereiden
• Verwarm de oven voor op 200°C/gasovenstand 4. Vet 6 aluminium wegwerp cakevormpjes in met boter.
• Ontpit de dadels. Maal de amandelen in de keukenmachine. Verwarm de boter in een pan op laag vuur tot hij vloeibaar en goudgeel is. Vermeng in een kom het amandelmeel met de basterdsuiker, de bloem en de citroenschil. Roer de eiwitten erdoor en daarna de gesmolten boter.
• Giet het beslag in de cakevormpjes en verdeel de dadels erover. Zet ze circa 15 minuten in de oven tot ze goudgeel zijn en veerkrachtig aanvoelen. Stort ze op een rooster en laat ze afkoelen.
• Haal voor de kardemomsiroop de zaadjes uit de peulen. Breng het water met de suiker, de zaadjes en het kaneelstokje aan de kook en laat dit op halfhoog vuur tot een siroop koken. Laat deze afkoelen en zeef hem. Klop voor de kaneelroom de slagroom met de vanillesuiker en kaneel tot het mengsel in zachte pieken blijft staan.
Serveer de cakejes op bordjes met rondom wat kardemomsiroop en een toef kaneelroom ernaast, garneer de room met een muntblaadje.

ANNEMARIE

Selderij-kervelsoep met knoflookcroutons
Heilbotfilet met Noilly-Prat-paprikasaus
Tarte-Tatin met crème fraîche

La Vallade: Een perfect zooitje ongeregeld met een warm kloppend hart.

Ik probeer puur te koken. Licht. Houd veel van vis en verse kruiden, drank. Sausen vind ik leuk. Iets waarvoor ik een gevoel op de tong heb. Proeven, proeven, proeven. Ik ben niet iemand van de maatbeker. Als ik een oorspronkelijk recept herhaal denk ik dit is het vandaag niet. Ik ben een intuïtieve kok.

Ik wilde iets neerzetten dat ik vaak in La Vallade kookte. Soepje via mijn moeder ingegoten dat opvalt door zijn simpelheid en daardoor zo lekker is. Ik was een van de weinigen die vaak vis maakte. Dus iets met vis. Taarten maak ik graag. Tarte Tatin is een heel klassiek toetje. Ik wilde geen bladerdeeg en heb veel gestoeid met het deeg totdat ik tot de goede verhoudingen kwam en dacht, zo is het goed. Het is trouwens heel lekker na vis. Een vrij licht basic menu.

Van huis uit kwam dus de liefde voor eten en koken. Mijn moeder is Zuid-Limburgse en kookte meer de Franse keuken dan de Hollandse pot. Mijn oma kookte ook altijd zo goed. Ze had veel kruiden in de tuin. Ze deed altijd tijm in omeletten. Ik vond het toen niet lekker, maar dat blijft je wel bij. Ze maakte lekkere kersenkoeken, met gistbeslag en verse kersen uit de tuin. Mijn vader was een fervent jager dus aten we veel wild (patrijs, fazant, konijn) op de traditionele manier. Mijn ouders hadden een stuk grond in Italië gekocht en waren dol op de Italiaanse keuken. Binnen de kortste keren maakten ze lasagna, en zo. Als kind hield ik kookwedstrijden thuis, waar ik eigenlijk als enige van de kinderen aan deelnam. M'n zus deed dan wel mee maar dacht, moet dit? Mijn jongere broer moest dan meehelpen. We moesten elkaar dan punten geven. Ik bombardeerde mezelf altijd tot winnaar.

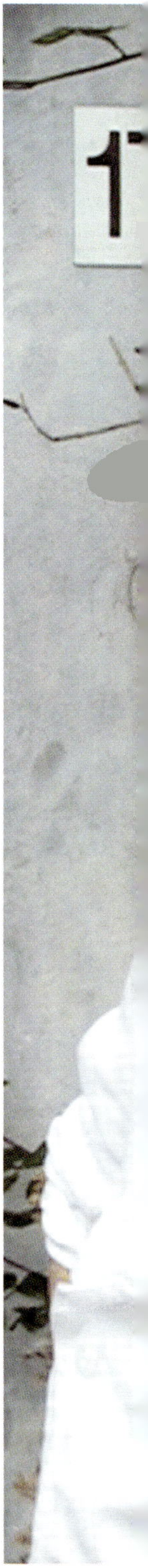

Kastanjeparfait met sinaasappelkaramel en notenkoekjes

Ingrediënten

Voor de kastanjeparfait
- 4 eieren
- 80 g fijne kristalsuiker
- 1 borrelglas Frangelico (hazelnotenlikeur) of Amaretto
- 2 dl slagroom
- 1 blikje gezoete kastanjepuree
- 1½ dl crème fraîche

Voor de notenkoekjes
- 1 sinaasappel
- 75 g fijne kristalsuiker
- 100 g noten (anything goes)
- 4 eidooiers

Voor de sinaasappelkaramel
- 100 g fijne kristalsuiker
- ¼ l sinaasappelsap
- sinaasappellikeur, desgewenst

Bereiden

• Zet een cakevorm in de vriezer.

• Splits voor de parfait de eieren en klop de eiwitten stijf met twee eetlepels van de suiker. Klop de eidooiers au bain marie met de Frangelico of Amaretto met de resterende suiker glad en romig. Neem de pan uit het waterbad en zet hem in een bak ijswater. Blijf kloppen tot de eiervla volledig is afgekoeld. Klop de slagroom stijf. Meng de kastanjepuree met de crème fraîche en spatel hem met de eiervla en de slagroom voorzichtig maar goed door elkaar. Giet het mengsel in de cakevorm en laat het in de vriezer in minstens 4 uur bevriezen.

• Verwarm voor de koekjes de oven voor op 160°C/gasovenstand 2-3. Bekleed een bakplaat met bakpapier.

• Maal in de keukenmachine de schil van een kwart sinaasappel met de suiker. Voeg de noten toe en maal ze met de pulseerknop tot ze grofgemalen zijn. Meng de dooiers erdoor. Giet het mengsel uit op de beklede bakplaat en bak de koek in ongeveer 1 uur gaar en bruin. Snijd hem direct in stukken en schep ze van de bakplaat op een rooster.

• Laat voor de sinaasappelkaramel de suiker met een scheut water smelten en tot bruine karamel koken. Voeg op het moment dat hij donkerbruin dreigt te worden het sinaasappelsap toe. Pas op, de suiker is dan zo'n 170°C en het sap veroorzaakt een soort stoomontploffing. Laat de karamel doorkoken met een sinaasappelschilletje tot hij op de gewenste dikte is (bij afkoelen wordt hij nog dikker) en maak hem eventueel nog lekkerder met wat sinaasappellikeur.

Serveren Giet een spiegeltje van karamel op de borden en schep er een bol kastanjeparfait in. Serveer met een notenkoekje.

Gebrande aardbeien

Ingrediënten
- 700 g aardbeien
- ½ l goede Franse crème fraîche
- 100 g fijne kristalsuiker
- 1 dessertlepel vanille-essence of -suiker
- 125 g boter
- 100 g donkerbruine basterdsuiker

Voor de sinaasappelsaus
- 100 g fijne kristalsuiker
- 2 eetl. water
- 5 dl versgeperst sinaasappelsap
- 2 eetl. Grand Marnier of een andere sinaasappellikeur
- aardappelmeel om te binden, desgewenst

Bereiden

• Smelt voor de sinaasappelsaus de suiker met het water in een pan met dikke bodem op halfhoog vuur en laat hem karameliseren; schud de pan af en toe zodat de suiker gelijkmatig kleurt. Schenk het sinaasappelsap erbij; let op: de karamel is gloeiend heet. Laat de vloeistof aan de kook komen tot de karamel is opgelost en laat hem dan op halfhoog vuur tot 3 dl inkoken. Breng op smaak met de Grand Marnier. Voor een dikkere saus kan een beetje met water aangemengd aardappelmeel worden toegevoegd.

• Was de aardbeien, ontdoe ze van de kroontjes en snijd ze in plakjes. Verdeel ze in een rechthoekige ovenschaal van circa 20x30 cm.

• Klop de crème fraîche met de suiker en de vanille in een kom stijf en verdeel de massa over de aardbeien. Smelt de boter met de basterdsuiker in een pan en giet dit over de aardbeien.

Serveer de sinaasappelsaus bij de aardbeien.

Ketan unti

Ingrediënten
300 g ketan of kleefrijst
6 dl water

Voor de unti
4 dl water
100 g Javaanse suiker
1 pandanblad
200 g geraspt kokos

Bereiden

• Week de kleefrijst een dag tevoren in het water. Breng de rijst de volgende dag aan de kook, draai het vuur laag en laat hem in de gesloten pan in 20-25 minuten gaarkoken.

• Breng voor de unti het water met de Javaanse suiker langzaam aan de kook zodat de suiker gesmolten is als het water kookt. Roer het pandanblad en het kokos erdoor en blijf omscheppen tot het water vrijwel verdwenen is. Verwijder de pandan.

Serveer op elk bord 3 eetlepels kleefrijst en schep daarop een flinke portie van de unti.

Oosterse clafoutis met abrikozen en hazelnoten

Ingrediënten voor een lage taartvorm van 26 cm doorsnee
60 g boter
2 dl slagroom
1 dl melk
125 g vanillesuiker
4 eieren
80 g patentbloem
$^1/_2$ theel. gemalen komijnzaad (djinten)
$^1/_2$ theel. gemalen korianderzaad (ketumbar)
100 g abrikozen, vers of gedroogd
50 g hazelnoten
suiker
kaneel

Bereiden

• Verwarm de oven voor op 200°C/gasovenstand 4.

• Smelt de boter en laat hem afkoelen. Verwarm de slagroom met de melk en de vanillesuiker tot aan het kookpunt. Klop de eieren door de boter, voeg de bloem, het gemalen komijn- en korianderzaad toe en klop alles goed door elkaar. Roer het slagroom-melkmengsel erdoor.

• Snijd de abrikozen in stukjes. Hak de hazelnoten grof in een keukenmachine.

• Giet het beslag in de taartvorm en voeg de abrikozen en hazelnoten toe. Laat de clafoutis in de oven in circa 40 minuten gaar en lichtbruin worden.

Serveer met halfgeslagen slagroom met suiker en wat kaneel.

Terrine aux fruits rouges met mangosaus

Ingrediënten voor een cakevorm van 1 liter inhoud
250 g vers rood fruit, aardbeien, bessen, frambozen
1 pot kersen zonder pit van 450 g inhoud
1 klein blikje mandarijntjes op sap
$1^1/_2$ bosje munt
8 blaadjes gelatine (3 g per dl vloeistof)
witte wijn

Voor de mangosaus
1 rijpe mango
$2^1/_2$ dl slagroom

Bereiden

• Bekleed de cakevorm met plasticfolie zodat bodem en wanden goed bedekt zijn.

• Maak het fruit schoon, verwijder van de aardbeien de kroontjes en ris de bessen van de steeltjes. Laat de kersen en ook de mandarijntjes goed uitlekken en vang het sap op. Vermeng alle vruchten. Snipper enkele muntblaadjes ragfijn en meng dit erdoorheen. Doe ze in de cakevorm.

• Week de gelatineblaadjes in ruim koud water. Vul het vruchtensap aan met witte wijn tot $^1/_2$ liter. Verwarm het sap tot tegen de kook en neem de pan van het vuur. Knijp de gelatineblaadjes goed uit en roer ze door het hete sap tot ze zijn opgelost; laat het sap onder af en toe roeren afkoelen tot het licht begint te binden. Giet het over de vruchten tot de vorm vol is. Leg er een paar muntblaadjes op. Zet de vorm afgedekt minstens 2 uur in de koelkast. (U kunt de terrine ook al eerder maken.)

• Schil voor de saus de mango en snijd het vruchtvlees aan beide kanten van de pit. Pureer het vruchtvlees goed glad in een keukenmachine. Klop de slagroom lobbig en spatel hem door de mangopuree.

• Stort de terrine op een plank en snijd hem in 3 cm dikke plakken.

Serveer een plak vruchtenterrine op een mooi bord en sprenkel de mangosaus eromheen. Garneer met muntblaadjes.

Gebruik 10% minder gelatine als u de terrine geruime tijd van tevoren maakt, omdat gelatine nabindt.

MOR

Doperwtensoep met gerookte zalm en heilbot, pernod en dragon
Parelhoen suprème met rode linzen, spinazie en truffel-roomsaus
Kastanjeparfait met sinaasappelkaramel en notenkoekjes

La Vallade is voor mij een samengeraapt zootje met het hart op de goede plaats.

Dit menu is representatief voor de manier waarop ik mezelf voor La Vallade heb leren koken. Dat komt door de fysieke omstandigheden en het koken in je eentje. Hier kan en moet ik zelf kiezen wat ik ga doen. In andere restaurants heb je te maken met andere koks, een bepaald inzicht of een chef.

In dit menu zitten smaakcombinaties die me aanspreken. Tevens is parelhoen een handig stuk vlees, niet al te duur en toch lekker. Goed hanteerbaar en het ziet er goed uit. Het is ook al geportioneerd.
Ik vind kastanjeparfait leuk om te maken omdat kastanjes niet veel gebruikt worden. Die kom je niet zo vaak tegen in Nederland.

Mijn familie heeft een huis in de Ardèche in Frankrijk en daar komen die kastanjes vandaan. Ze groeien achter ons huis. Bij de lokale bakker kun je koekjes en cakes met kastanjes krijgen. Daar ben ik hier altijd een beetje naar op zoek en ben blij als ik er weer iets mee kan maken.

We hadden nooit geld om iets lekkers te maken. Varkenskoteletten maakte mijn moeder met witte bonen en tomatensaus (uit een pot) en dan gooide ze er droge stukjes rozemarijn doorheen. Verschrikkelijk!

Zuurkool, die niet gaar was, met worst en aardappelpuree, jakkes. Dat schoot niet op. Ik heb er een soort crisisgevoel aan overgehouden. Op een bepaald moment had mijn moeder er genoeg van om voor iedereen een ander menu te koken dus werd het in de loop der tijd steeds simpeler. Mijn moeder ging hele dagen werken en toen moesten wij zelf koken. Daardoor ga je dingen proeven en proberen er iets lekkers van te maken.

Rond mijn 20ste leerde ik dingen kennen en ontstond er interesse in wat er nog meer te halen viel.
Als je de ingrediënten binnenkrijgt, een bak vol met mooie groenten bijvoorbeeld, dan maakt dat wel iets los. Je raakt betrokken bij het proces om iets voor elkaar te krijgen. Trekken van bouillon, dat een hele procedure omvat. Of een kip die helemaal doorgaart. Dat je dat ziet gebeuren. Daar kreeg ik een lekker gevoel bij. Eten, of het (voor)bereiden ervan heeft in grote mate mijn leven en vriendenkring gevormd.

Een beetje stress heb je altijd nodig, dat houdt je scherp. Ik ben redelijk chaotisch. Je streeft ernaar alles op 'n rijtje te krijgen maar dan doe je weer drie dingen tegelijk terwijl je er maar twee zou kunnen. Je hebt mensen die continu hun werkbank schoonhouden. Dat zou ik ook moeten doen, maar ik doe het niet. Bij mij wordt het in de kortste tijd een rotzooitje waardoor je twee keer op een avond je tang kwijt bent die dan vlak voor je neus in een bakje blijkt te liggen.

Ik heb hier, als ik dan wegfiets, vaak een heel tevreden gevoel. Dan heb je ontzettend hard staan werken, vloeken en tieren, schoppen tegen de oven. Rotkeuken! Maar alles is er doorheen gegaan, de mensen zijn tevreden. Dan denk ik, Oké, paf! Klaar... ik heb weer lopen knallen vanavond.

Tarte aux noix

Ingrediënten voor een vorm van 26 cm

400 g (diepvries) bladerdeeg
2 eieren
1 zakje vanillesuiker
40 g boter, gesmolten
$1^1/_2$ eetlepel rum
250 g walnoten of pecannoten, gehalveerd

Voor de suikersiroop
$1^1/_2$ dl water
300 g fijne kristalsuiker

Bereiden

• Rol het bladerdeeg uit tot een lap van 2 mm dikte en circa 35 cm doorsnee. Bekleed de springvorm hiermee. Snijd de rand af op een hoogte van 4 cm. Prik de taartbodem enkele malen in met een vork.

• Breng voor de suikersiroop het water met de suiker langzaam aan de kook. Laat als de suiker is opgelost de siroop 2 minuten doorkoken. Koel hem snel door de bodem van de kookpan in een bak met koud water te zetten.

• Verwarm de oven voor op 180°C/gasovenstand 3.

• Klop de eieren samen met de vanillesuiker en de gesmolten boter tot alles goed is gemengd. Roer de suikersiroop door het mengsel en voeg de rum toe. Spatel de noten door het beslag.

• Doe het notenbeslag in de taartbodem en bak de taart 40–50 minuten tot de vulling stevig maar niet hard is. De noten mogen niet te donker worden.

• Laat de taart volledig afkoelen voor het openen van de springvorm en het snijden van de taart.

Extra lekker met geklopte slagroom (met een klein beetje rum toegevoegd) en vanille-ijs.

Appel-walnoten-baklava met kardemomsiroop

Ingrediënten

Voor de baklava
boter om in te vetten
150 g walnoten
300 g appels
50 g boter
150 g filodeeg

Voor de kardemomsiroop
150 g donkerbruine basterdsuiker
5 kardemompeulen
1 kaneelstokje
2 dl water

Voor erbij
vanille-ijs
poedersuiker

Bereiden

• Verwarm de oven op 180°C/gasovenstand 3. Vet een ovenschaal in met boter.

• Hak voor de baklava de walnoten, schil de appels en verwijder de klokhuizen; rasp het vruchtvlees. Smelt de boter. Meng de geraspte appels met de walnoten.

• Leg 3 vellen filodeeg in de ovenschaal en kwast wat boter tussen elke laag. Verdeel er een laag appelnotenmengsel op. Leg daarop weer 2 vellen met boter besmeerde filo en weer een laag appel en walnoten, daarna 2 vellen beboterd filodeeg en appel-walnoten en bedek het geheel met 3-4 besmeerde vellen filodeeg. Snijd de baklava vooraf met een scherp mes in vierkante of driehoekige porties. Zet de schaal in het midden van de oven en bak de baklava in 30-40 minuten goudbruin. Neem de schaal uit de oven en laat afkoelen.

• Doe voor de siroop de suiker met de gehakte kardemompeulen, het kaneelstokje en het water in een pan en breng aan de kook. Laat het zachtjes 10 minuten sudderen; zeef de saus. Laat hem afkoelen en schenk hem over baklava. Laat hem nog 1-2 uur staan zodat de stroop erin kan trekken.

Serveren Schep een bolletje vanilleijs op de borden en zet er een stuk baklava naast. Bestrooi naar smaak met poedersuiker.

Tarte-Tatin met crème fraîche

Ingrediënten
1 kg Jonagold appels
500 g fijne kristalsuiker
sap van 2 citroenen
100 g boter
bakje crème fraîche

Voor het deeg
200 g bloem
125 g boter
1 klein ei (of ½ groot)
2 eetl. ijskoud water
snufje zout

Bereiden
Gebruik hiervoor een dichte taartvorm of braadslede (geen springvorm).
- Kneed voor het deeg de aangegeven ingrediënten tot een gladde massa en laat deze minstens 1 uur in de koelkast rusten.
- Schil de appels en snijd ze in kwarten; snijd de klokhuizen eruit.
- Zet voor de karamel de suiker met het citroensap en een beetje water op. Kook in tot hij begint te verkleuren (let op, karamel verbrandt snel!). Voeg als hij mooi bruin is de boter toe en roer goed door.
- Giet de karamel in de bakvorm. Leg de appelkwarten met de bolle kant naar beneden op de karamel.
- Verwarm de oven voor op 175°C/gasovenstand 3.
- Rol het deeg uit, klap de lap dubbel en rol hem weer uit. Herhaal dit een paar keer. Rol hem ten slotte uit tot een lap ter grootte van de vorm. Leg hem over de appels.
- Bak de taart in circa 45 minuten tot het deeg krokant is en de appels gaar en goed gekarameliseerd zijn. Keer de taart net voor het opdienen (als hij nog warm is).

Serveer met losgeklopte crème fraîche.

Chocoladerol met slagroom, aardbeien, aardbeiencoulis en karamelsaus

Ingrediënten
7 eidooiers
200 g fijne kristalsuiker
7 eiwitten
50 g cacao

Voor de vulling
½ l slagroom
2 eetl. fijne kristalsuiker
1 zakje klopvast
500 g aardbeien

Voor de aardbeiensaus
300 g diepvries-aardbeien
suiker naar smaak
aardbeienlikeur

Voor de karamelsaus
40 g fijne kristalsuiker
1 eetl. water
1½ dl zeer sterke koffie
2 dl slagroom
4 eidooiers

Bereiden
- Verwarm de oven voor op 200°C/gasovenstand 4. Bekleed een bakplaat van 40x60 cm met bakpapier.
- Klop de dooiers met 70 gram suiker luchtig. Klop het eiwit stijf tot het gaat vlokken, voeg de overgebleven suiker toe en klop nog 5 minuten. Roer de cacao door het dooiermengsel en spatel dit door het eiwitschuim; spatel niet te lang. Strijk de massa uit op de bakplaat en schuif deze in het midden van de oven. Bak het biscuit circa 10 minuten; neem het gebak nog op het bakpapier van de bakplaat en laat het afkoelen.
- Was de aardbeien, ontdoe ze van het kroontje en snijd ze in vieren. Klop voor de vulling de slagroom met de suiker stijf en klop de klopvast erdoor volgens de aanwijzingen op het zakje. Strijk de slagroom over het gebak en laat aan de lange zijden 2 cm van de rand vrij. Verdeel de aardbeien over de room en rol het gebak vanaf de lange kant op; trek daarbij steeds een stukje van het papier los, maar laat dit wel om de rol zitten, vouw de uiteinden dicht. Laat de rol zo opstijven.
- Zet voor de aardbeiensaus de aardbeien met de suiker op en laat ze in een gesloten pan ontdooien en kort koken. Voeg naar smaak een scheut aardbeienlikeur toe. Pureer de aardbeien met een staafmixer, zeef de saus en laat afkoelen.
- Laat voor de karamelsaus de suiker met het water op halfhoog vuur karameliseren; blus voorzichtig met het warme water en de koffie. Roer de slagroom erdoor en blijf roeren tot de karamel is opgenomen. Roer de dooiers in een kommetje los en giet al roerend de karamelmelk erbij. Giet dit terug in de pan en laat de saus op laag vuur al roerend binden; laat hem beslist niet koken, om schiften te voorkomen. Zeef de saus en laat afkoelen.

Serveren Giet beide sausen op de borden en leg er een dikke plak chocoladerol in.
(Er is genoeg voor een tweede ronde!)

Tu
manges
ou...

tu ne
manges
pas

Register

Dank aan

Adri-André-
Anita-Annemarie-
Anouk-Arlette-
Astrid-Augustin-
Barbara-Bart-
Ben-Bets-Biba-
Bill-Busha-
Cecile-Chalie-
Daniël-Daniëlle-
Daphne-Dejan-
Djoeke-Duncan-
Earl-Ebony-Eduard-
Elena-Esmeralda-
Eugène-Eva-Faith-
Fatima-Faye-
Fiona-Fleur-
François-Frank-
Frits-Gil-Heidi-
H.P.-Humphry-
Humprey-Iris-
Isabelle-Isis-
Jack-Jana-
Jasmijn-Jason-
Jean-Jean-
Jean-Luc-Jeannet-
Joppe-Jorge-Jos-
Joubert-Junior-
Jur-Kwibus-Lejo-
Lilian-Mandy-Marcel-
Marcela-Marco-
Margot-Maria-
Mariet-Mark-
Marlon-Martine-
Marijn-Mayake-
Melvin-Mendy-
Metin-Mireille-
Mo-Mor-Mijke-
Nashara-Natasja-
Niels-Nova-Okla-
Onno-Pasqual-
Pauline-Pierre-
Pieter-Pieter-
Pjotr-Ravir-
René-Rik-Rogier-
Sandra-Sanne-
Sarah-Saskia-
Serge-Sjors-Sofie-
Sona-Stefano-
Stella-Tamara-
Tara-Tatiana-
Terry-Thomas-
Tom-Vanessa-
Verie-Zarou

Veel dank voor de privé-foto's.